ASIATISCHE KÜCHE
AUS DEM
DAMPF
GARER

Angkana Sirisaeng & Alex Neumayer

ASIATISCHE KÜCHE AUS DEM DAMPFGARER

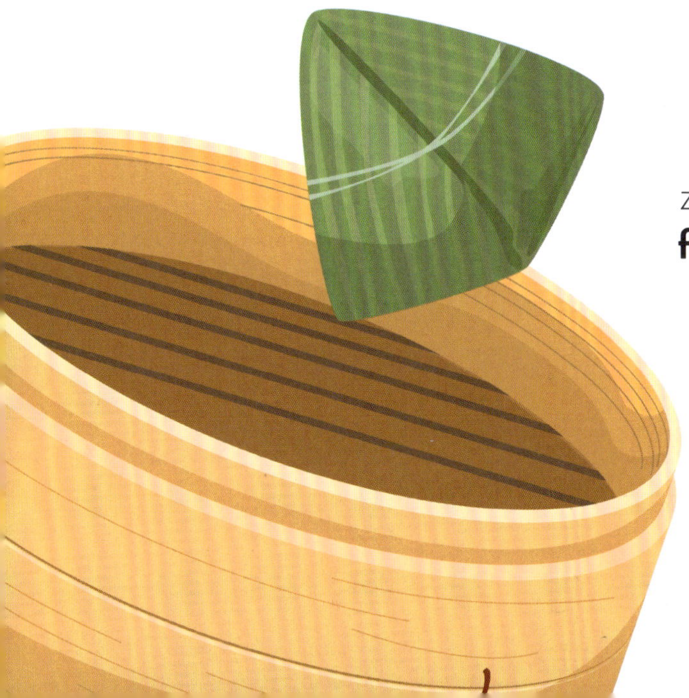

80 schonend zubereitete Rezepte **für Bambusdämpfer und Steamer**

CHRISTIAN

VORWORT

Das Dampfgaren hat eine lange Geschichte in der asiatischen Küche und ist eine traditionelle Kochmethode, die seit Jahrhunderten verwendet wird. China gilt dabei als Ursprungsland des Dampfgarens. Bereits in der antiken chinesischen Küche, die bis zu 2000 Jahre zurückreicht, wurde Dampfgaren praktiziert. Menschen begannen damit Lebensmittel über kochendem Wasser statt in kochendem Wasser zu garen.

Dampfgaren ist eine schonende Methode um Lebensmittel zuzubereiten. Es bleiben nicht nur wertvolle Inhaltsstoffe erhalten, auch der Geschmack entwickelt sich viel intensiver. Es kann zum Garen einer Vielzahl von Zutaten und Gerichten wie Gemüse, Fisch, Fleisch, Reis, Teigzubereitungen und Desserts verwendet werden.

In verschiedenen asiatischen Kulturen hat das Dampfgaren eine tiefe kulturelle Bedeutung. Es wird oft mit Gesundheit, Frische und Wohlbefinden in Verbindung gebracht. In der chinesischen Medizin wird Dampfgaren als gesunde Kochmethode angesehen, die die natürlichen Eigenschaften der Lebensmittel erhält und den Körper ausbalanciert.

Im Laufe der Zeit wurden verschiedene Techniken und Geräte zum Dampfgaren entwickelt, darunter moderne Dampfgarer und elektrische Dampfgaröfen. Diese Innovationen haben dazu beigetragen, das Dampfgaren nicht nur in Asien, sondern auch weltweit populär zu machen. Insgesamt ist das Dampfgaren ein zentraler Bestandteil der asiatischen Kochkultur und hat im Laufe der Geschichte einen bedeutenden Beitrag zur Vielfalt und Qualität asiatischer Küche geleistet.

Mit den folgenden Rezepten möchten wir den Lesern viele populäre asiatische Gerichte, aber auch einige eher unbekannte, näherbringen und mit den landestypischen Gewürzen und Aromen in diese Küchen eintauchen.

Viel Spaß beim Kochen!

INHALT

EINLE

ITUNG

DAMPFGAREN – EINE DER TRADITIONELLSTEN ZUBEREITUNGSMETHODEN IN ASIEN

Das Dämpfen von Speisen ist eine der ältesten und traditionellsten Zubereitungsmethoden in der asiatischen Küche. Insbesondere in China ist das Dämpfen weit verbreitet. Ein beliebtes Utensil dafür ist der Bambuskorb. Dabei wird Wasser in einen Wok gefüllt, der Bambuskorb darüber platziert und mit einem geflochtenen Deckel abgedeckt. Die zu dämpfenden Zutaten werden in den Korb gelegt, wobei darauf geachtet wird, dass sie nicht direkt mit dem Wasser in Berührung kommen. Mehrere Körbe können übereinandergestapelt werden, wobei die Zutaten mit der kürzesten Garzeit oben platziert werden.

IN DER TRADITIONELLEN ASIATISCHEN KÜCHE WERDEN NEBEN BAMBUSKÖRBEN AUCH WEITERE GARGEFÄSSE ZUM DÄMPFEN VERWENDET

Metallkörbe, die dem Stil des Bambuskorbs ähneln, sind langlebiger und haben oft einen größeren Durchmesser. Sie werden vor allem in »home factories«, also kleinen fabrikmäßigen Küchen, verwendet, in denen größere Mengen an Speisen zubereitet werden müssen.

Tontöpfe, die mit dünnen dampfdurchlässigen Tüchern bespannt sind, werden ebenfalls genutzt. Dabei wird Wasser in den Tontopf gefüllt und über dem Feuer erhitzt. Auf dem Tuch werden kleine Dumplings oder dünn aufgetragener Reisteig gegart. Oft wird auf den Reisteig eine aromatische Füllung gegeben, bevor der Teig über der Füllung zusammengeklappt wird.

Für industrielle Zwecke werden mehrstöckige Dampfgarer verwendet, die entweder mit Gas oder Strom betrieben werden. Jede Etage kann hier einzeln befüllt werden. Der Deckel wird von oben über den Garraum heruntergezogen oder zum Öffnen wieder nach oben geschoben.

In der industriellen Herstellung von gedämpften Reisnudeln werden röhrenförmige Dampfkammern eingesetzt, welche der dünnflüssig aufgetragene Reisteig bei der Herstellung auf einem Band durchläuft.

Neben diesen traditionellen Methoden sind moderne Dampfgarer in Hotel- und Restaurantküchen in Asien unverzichtbar geworden.

VORTEILE DES DAMPFGARENS

Das Dampfgaren bietet eine Vielzahl von Vorteilen, unabhängig davon, ob man einen traditionellen Bambuskorb oder ein modernes Hightech-Gerät verwendet. Das physikalische Prinzip ist recht einfach: Ein Gemisch aus Wasserdampf und Luft mit einer Temperatur von etwa 75 bis 100 °C umhüllt die Lebensmittel. Bei Temperaturen zwischen 97 und 100 °C umschließt der Dampf das Lebensmittel, während der Sauerstoff aus dem Garraum entweicht. Die Wassertröpfchen erwärmen und garen dabei die Speisen. Dieser Prozess erhält sowohl Farbe als auch Geschmack und Inhaltsstoffe der Lebensmittel und es entsteht kein Druck, da der Dampf komplett nach außen entweicht.

Die meisten Lebensmittel werden bei 100 °C gegart, während zarte Speisen wie Fisch noch schonender zwischen 75 und 85 °C garen können. Die Temperatur kann je nach Gerät entweder separat eingestellt oder über die Temperatur am Herd reguliert werden.

Die Zutaten garen auch nach Ende der Kochzeit weiter, selbst wenn der Topf vom Herd genommen wird. Daher ist es ratsam, das Gargut aus dem Dämpfer zu nehmen und beiseitezustellen oder sofort zu servieren. Fleisch oder Fisch sollten nach dem Dämpfen etwa 5 Minuten ruhen, um saftig zu bleiben und sich leichter tranchieren zu lassen.

Das Garen über Wasserdampf ist nicht nur eine der wohl gesündesten Garmethoden, die in zahlreichen

Diätformen angewendet wird, sondern es bleiben auch Nährstoffe, Farbe und Konsistenz des Garguts viel besser erhalten als beim Garen direkt in Flüssigkeit. Der Eigengeschmack der Lebensmittel bleibt intensiver.

Der einzige Nachteil des Dampfgarens ist das Fehlen von Röstaromen, die jedoch durch andere Zubereitungsmethoden ergänzt werden können. Dazu später mehr.

ELEKTRISCHER DAMPFGARER VERSUS BAMBUSKORB

Elektrische Dampfgarer
Elektrische Dampfgarer bieten eine Vielzahl von Funktionen und sind in verschiedenen Ausstattungen erhältlich, sei es als eigenständige Standgeräte oder als Kücheneinbaugeräte. Ihre Vielseitigkeit geht weit über das reine Dampfgaren hinaus. Mit der Möglichkeit, die Temperatur einfach zu regulieren, können sie für eine Vielzahl von Aufgaben eingesetzt werden, darunter das Auftauen von Lebensmitteln, das Entsaften von Früchten sowie das Gehenlassen von Hefeteigen. Besonders praktisch ist ihre Fähigkeit, Lebensmittel bei niedrigen Temperaturen zu garen, was insbesondere für empfindlichere Speisen von Vorteil ist.

Ein weiterer Vorteil elektrischer Dampfgarer ist die Zubereitung von Gerichten mit längeren Garzeiten ohne die Gefahr, dass das gesamte Wasser verdampft, bevor das Gargut fertig ist. Dank eingebauter Sensoren wird ein akustisches Signal ausgelöst, wenn Wasser nachgefüllt werden muss oder wenn die eingestellte Garzeit abgelaufen ist. Dies ermöglicht eine stressfreie Zubereitung von Gerichten und gewährleistet optimale Ergebnisse.

Die Möglichkeit, die Temperatur stufenlos zwischen 40 und 100 °C zu regulieren, bietet eine präzise Kontrolle über den Garprozess und ermöglicht es, empfindliche Speisen schonend zuzubereiten. Dadurch bleiben nicht nur die Aromen und Nährstoffe der Lebensmittel besser erhalten, sondern es eröffnen sich auch vielfältige Möglichkeiten für kreative Kochexperimente.

Zusammenfassend bieten elektrische Dampfgarer eine benutzerfreundliche und vielseitige Lösung für die Zubereitung einer Vielzahl von Speisen, die eine schonende Garung erfordern, und erleichtern die Arbeit in der Küche durch ihre praktischen Funktionen und ihre Bedienerfreundlichkeit.

Garen im Bambuskorb
Das Garen im Bambuskorb ist eine äußerst kostengünstige Methode des Dampfgarens, die in vielen asiatischen Küchen weit verbreitet ist. Die Bambuskörbe ermöglichen es, mehrere Ebenen übereinander zu stapeln, um eine größere Menge an Lebensmitteln gleichzeitig zu dämpfen. Dabei können die gedämpften Speisen direkt in den Körben serviert werden, was eine praktische und ansprechende Art der Präsentation am Tisch ermöglicht.

Ein wesentlicher Nachteil gegenüber dem elektrischen Dampfgarer besteht jedoch im Regulieren der Hitze. Da der Bambuskorb über kochendem Wasser platziert wird, erreicht der Dampf im Korb normalerweise eine Temperatur von 100 °C. Es kann schwierig sein, die Hitze auf eine etwas niedrigere, präzise Dampftemperatur einzustellen, was insbesondere für empfindliche Lebensmittel wie Fisch oder Eier-Custards von Bedeutung ist. Die Garzeit muss am Herd überwacht werden, um sicherzustellen, dass das Gargut zum richtigen Zeitpunkt fertig ist, was eine gewisse Aufmerksamkeit erfordert.

Bei empfindlichen Zutaten (z. B. Fisch) oder Gerichten (z. B. Eier-Custards) können die Garzeiten bei idealen Temperaturen angegeben sein. Auch die Garzeiten bei 100 °C Dampftemperatur haben wir in den Rezepten angegeben. Es ist jedoch wichtig zu beachten, dass insbesondere bei Eier-Custards das Ergebnis bei einer Temperatur von 100 °C möglicherweise nicht zufriedenstellend ist.

Ein weiterer Nachteil des Garens im Bambuskorb ist die Notwendigkeit des Überwachens des Wasserstands und regelmäßigen Nachfüllens von Wasser bei langen Garzeiten. Wenn das Wasser vor dem Ende der Garzeit komplett verdampft ist, kann der Topf anbrennen und das Gargut beschädigt werden.

Um zu verhindern, dass das Gargut im Bambuskorb kleben bleibt, können verschiedene Methoden angewendet werden, wie das Einölen des Korbs oder das Verwenden von gelochten Silikonmatten oder Baumwolltüchern. Ein Salatblatt unter dem Gargut kann ebenfalls helfen. Bei der Zubereitung von Teigen, beispielsweise für Dim Sums, wird ein Stück Backpapier verwendet, um ein Ankleben zu verhindern.

Alternativ zum Bambuskorb können auch ein Sieb oder ein gelochter Behälter in einen Kochtopf gehängt werden, um ähnliche Ergebnisse zu erzielen. Durch das Platzieren eines Deckels über dem Kochtopf wird der Dampf eingeschlossen und das Gargut gleichmäßig gegart.

Insgesamt bietet das Garen im Bambuskorb eine einfache und kostengünstige Methode des Dampfgarens, erfordert jedoch etwas mehr Aufmerksamkeit und Fingerspitzengefühl, um optimale Ergebnisse zu erzielen.

UNTERSCHIEDE IN DER GARZEIT DAMPFGARER VERSUS BAMBUSKORB

Die Garzeitunterschiede zwischen dem Dampfgarer und dem Bambuskorb sind minimal, wenn beide auf die gleiche Temperatur von 100 °C vorgewärmt sind und der Deckel des Bambuskorbs während des Garprozesses geschlossen bleibt. Jedes Öffnen des

Deckels führt aber zum Entweichen von Dampf und unterbricht den Garprozess. Der Deckel des Bambuskorbs kann zusätzlich noch mit einem feuchten Tuch umwickelt werden, um den Dampf zurückzuhalten.

Abweichungen in der Garzeit treten auf, wenn das Gargut in einen kalten Dampfgarer oder Bambuskorb gegeben wird. Je nach Modell kann es einige Zeit dauern, bis die gewünschte Temperatur von 100 °C erreicht ist. Es ist daher ratsam, das jeweilige Gerät vorzuheizen, bevor das Gargut hinzugefügt wird.

Die größten Unterschiede in der Garzeit ergeben sich, wenn mit unterschiedlichen Temperaturen gedämpft wird. Eine niedrigere Temperatur wie zum Beispiel 80 °C erfordert eine längere Garzeit im Vergleich zu 100 °C. Das »Sous-vide«-Dämpfen, bei dem das Gargut vakuumiert und bei niedriger Temperatur gegart wird, kann eine sehr lange Garzeit haben, aber oft ein qualitativ hochwertiges Ergebnis liefern.

In den Rezepten sind die Garzeiten sowohl für die ideale Temperatur als auch für das Dämpfen bei 100 °C angegeben, um eine klare Orientierung zu bieten.

WAS IST BEIM DAMPFGAREN ENTSCHEIDEND?

Beim Dampfgaren sind mehrere Faktoren entscheidend, um optimale Ergebnisse zu erzielen. Hierbei spielen sowohl das Gewicht als auch die Größe und insbesondere die Höhe des Garguts eine wichtige Rolle.

Die Größe des Garguts beeinflusst direkt die Garzeit, da größere Stücke länger brauchen, um durchgängig gegart zu werden. Ein gleichmäßiger Schnitt von Gemüse, Fleisch und anderen Zutaten ist daher entscheidend, um sicherzustellen, dass sie gleichzeitig und gleichmäßig garen. Dies hilft, einheitliche Ergebnisse zu erzielen und verhindert, dass einige Teile über- oder untergegart sind.

Besonders wichtig ist auch die Höhe des Garguts. Lebensmittel mit unterschiedlichen Höhen benötigen unterschiedliche Garzeiten, da die Hitze durch das Gargut dringen muss, um es gleichmäßig zu garen. Daher ist es ratsam, Lebensmittel so zu schneiden oder zu formen, dass sie eine ähnliche Höhe haben, um eine gleichmäßige Garmethode zu gewährleisten.

Darüber hinaus spielt die Gartemperatur eine entscheidende Rolle beim Dampfgaren. Je nach Art der Lebensmittel und gewünschtem Garergebnis kann die Temperatur variieren. Es ist wichtig, die richtige Temperatur einzustellen, um eine Über- oder Unterhitzung zu vermeiden und die gewünschte Textur und den Geschmack der Lebensmittel zu erhalten.

DAMPFGAREN KOMBINIERT MIT ANDEREN GARMETHODEN

Beim Dampfgaren fehlen die Röstaromen, die typischerweise beim Anbraten in Fett oder beim Trockenrösten entstehen. Diese Aromen sind ein charakteristisches Merkmal vieler Gerichte und spielen eine wichtige Rolle in der Aromenvielfalt verschiedener Küchen, insbesondere in einigen asiatischen Kochtraditionen. Die gerösteten Gewürze verleihen den Speisen eine reiche Tiefe und Komplexität, die beim reinen Dampfgaren nicht erreicht werden kann.

Um dennoch diesen Geschmack zu erzielen, wird in einigen Gerichten das Dampfgaren mit anderen Garmethoden kombiniert. Nach dem Dämpfen können die Lebensmittel kurz in Fett gebraten, gegrillt oder im Ofen bei hoher Hitze gebräunt werden. Dies verleiht den Gerichten die gewünschten Röstaromen und eine knusprige Textur, während gleichzeitig die zarte und saftige Qualität, die durch das Dampfgaren entsteht, erhalten bleibt.

Diese Kombination aus Dampfgaren und anderen Garmethoden ermöglicht es, das Beste aus beiden Welten zu vereinen: die schonende und gesunde Zubereitung von Lebensmitteln durch das Dampfgaren und die reichhaltigen Aromen und Texturen, die durch das Rösten oder Braten erreicht werden. Auf diese Weise können köstliche und vielseitige Gerichte geschaffen werden, die sowohl geschmacklich als auch ernährungsphysiologisch ausgewogen sind.

WIE WIRD'S GEMACHT?

RÖSTEN VON GEWÜRZEN

Das Rösten von Trockengewürzen ist eine essentielle Technik, um ihr volles Aroma und ihre Geschmacksintensität zu entfalten. Idealerweise sollten Trockengewürze zuerst ohne Fettzugabe in einer beschichteten Pfanne geröstet werden, um ihre natürlichen Aromen zu intensivieren. Es ist ratsam, ganze Gewürze zu verwenden, da sie beim Rösten ihre Aromen langsamer freisetzen und dadurch ein reichhaltigeres Geschmackserlebnis bieten. Nach dem Rösten können die Gewürze in einer Gewürzmühle oder einem Mörser gemahlen werden, um ihre Konsistenz zu verfeinern und ihr Aroma zu optimieren.

Für diejenigen, die es schneller und einfacher bevorzugen, stehen gemahlene Gewürze zur Verfügung. Obwohl gemahlene Gewürze praktischer sind, da sie sofort einsatzbereit sind, können sie im Vergleich zu ganzen Gewürzen schnell an Aroma verlieren. Dennoch bieten sie eine bequeme Alternative für diejenigen, die nicht die Zeit oder die Mittel haben, ganze Gewürze zu rösten und zu mahlen.

Unabhängig davon, ob man ganze oder gemahlene Gewürze verwendet, ist das Rösten ein wichtiger Schritt, um ihren Geschmack zu verbessern.

GEWÜRZMÜHLE UND MÖRSER

In den asiatischen Küchen ist das Mörsern eine unverzichtbare Technik. Ob es darum geht, geröstete Trockengewürze zu mahlen, Zutaten für Würzpasten vorzubereiten oder Salate und Dips zuzubereiten, der Mörser spielt eine zentrale Rolle. In vielen asiatischen Haushalten findet man daher in der Küche in der Regel zwei Arten von Mörsern.

Zum einen gibt es den kleinen Granitmörser, der ideal ist für das Zerkleinern von Gewürzen und das Herstellen von Pasten. Seine robuste und leicht raue Oberfläche macht ihn perfekt für diese Aufgaben. Zum anderen gibt es den hohen Terracotta-Mörser, der hervorragend für die Zubereitung von Salaten und Dips geeignet ist. Seine geräumige Schale bietet ausreichend Platz zum Vermengen und Zerstoßen von Zutaten.

Neben dem Mörser ist auch eine kleine Gewürzmühle äußerst hilfreich zum Mahlen von gerösteten Trockengewürzen. Sie ermöglicht ein schnelles und effizientes Zerkleinern von Gewürzen und sorgt für eine gleichmäßige Konsistenz.

VERWENDEN VON FERTIGEN CURRY- & WÜRZPASTEN

Heutzutage ist eine Fülle von Currypasten und anderen Würzpasten-Mischungen in den Märkten erhältlich. In unseren Rezepten stellen wir diese Pasten aus den einzelnen dafür verwendeten Gewürzen selbst her. Dennoch spricht nichts dagegen, ab und zu eine fertige Paste zu kaufen, um Zeit zu sparen. Ein hilfreicher Tipp ist jedoch, diese Pasten vorzugsweise in Asia-Märkten zu kaufen, anstatt im herkömmlichen Supermarkt. Die Pasten, die in den Asia-Märkten erhältlich sind, werden

nach dem traditionellen landesüblichen Geschmack hergestellt. Sie stammen häufig direkt aus Fabriken in Asien. Dadurch bieten sie in der Regel ein intensiveres Geschmackserlebnis und eine authentischere Palette an Aromen im Vergleich zu den Varianten, die speziell für den europäischen Markt hergestellt werden. Darüber hinaus bieten Asia-Märkte oft die Möglichkeit, diese Pasten in größeren Mengen zu kaufen, was kostengünstiger sein kann. Die Paste kann dann portioniert und in kleinen Beuteln verpackt eingefroren werden, um sie bei Bedarf aufzutauen. Auf diese Weise bleiben die Aromen und die Frische der Paste länger erhalten, und sie steht jederzeit für die Zubereitung köstlicher Gerichte zur Verfügung.

CURRYS AUS DEM DAMPFGARER

Ein wesentlicher Schritt bei der Zubereitung vieler Currys aus verschiedenen asiatischen Ländern besteht darin, Gewürze, Wurzeln und Rhizome zuerst zu rösten, um ihre Aromen vollständig zu entfalten. Diese Technik verleiht den Currys eine reiche Tiefe und Intensität des Geschmacks. Auch beim Dampfgaren können wir diese Tradition beibehalten, indem wir die Gewürze vor dem eigentlichen Garen rösten, um ihr volles Aroma zu entfalten.

Dieser Schritt trägt maßgeblich dazu bei, dass das Curry einen komplexen und ausgewogenen Geschmack entwickelt, der die Sinne verwöhnt.

Nachdem die Zutaten geröstet wurden, werden sie zusammen mit den übrigen Zutaten des Currys in den Garbehälter des Dampfgarers gegeben. Dort können sie schonend gegart werden, wodurch sich ihre Aromen weiter entfalten und das Curry eine köstliche Geschmacksfülle erhält.

Auf diese Weise vereinen wir die Tradition des Röstens von Gewürzen mit der modernen Methode des Dampfgarens, um ein Curry zu kreieren, das nicht nur geschmacklich herausragend ist, sondern auch von den gesundheitlichen Vorteilen des Dampfgarens profitiert.

ROSA GEDÄMPFTES FLEISCH

Um Fleischstücke auf den Punkt rosa zu dämpfen, ist eine präzise Temperaturregelung unerlässlich. Bei einer Dampftemperatur von maximal 80 °C bleibt das Fleisch von außen bis zum Kern gleichmäßig rosa und behält dabei seine Saftigkeit und Zartheit.

FISCHE UND GARNELEN

Wenn Fische und Garnelen bei 100 °C gedämpft werden, kann es dazu führen, dass das Eiweiß austritt und sie trocken beziehungsweise zäh werden. Daher ist es ratsam, sie bei einer Dampftemperatur von 80 bis 85 °C zu garen, um ihre Saftigkeit und Zartheit zu bewahren.

EIER-CUSTARDS

Eier-Custards, die zu heiß gedämpft werden, neigen dazu, löchrig zu werden und verlieren ihr samtig-glattes Mundgefühl sowie ihre schöne, glatte Schnittfläche. Daher ist es ratsam, sie bei maximal 85 °C Dampftemperatur zu garen, um die gewünschte Textur und Konsistenz zu erhalten.

DAS EINWICKELN IN BLÄTTER

Das Einwickeln von Lebensmitteln in Blätter hat eine lange Tradition in vielen Küchen weltweit. Besonders in asiatischen Küchen sind Bananenblätter, Schilfblätter, Pandan-Blätter und viele andere Arten von Blättern weit verbreitet. Diese Blätter dienen nicht nur dazu, das Gargut schonend zu garen, sondern sie verleihen den Lebensmitteln auch einen einzigartigen Geschmack und ein besonderes Aroma.

Diese Tradition des Einwickelns in Blätter ist nicht nur praktisch, sondern auch kulturell bedeutsam. Sie verbindet die Menschen mit der Natur und den traditionellen Kochmethoden ihrer Vorfahren. Darüber hinaus verleiht sie den Gerichten eine besondere Note und macht sie zu einem unverwechselbaren Genusserlebnis.

ASIATISCHE GRUNDZUTATEN

Die Vielfalt der asiatischen Küche spiegelt sich nicht nur in den unterschiedlichen Gerichten wider, sondern auch in den vielseitigen Grundzutaten, die in den verschiedenen Ländern verwendet werden. Insbesondere die Kräuter, Würzsaucen, Pasten und Gewürze variieren stark von Region zu Region. In einigen Ländern wird bevorzugt scharf gegessen, während in anderen eher milde und natürliche Aromen bevorzugt werden. Diese kulturelle Vielfalt zeigt sich auch in der Auswahl und Zubereitung von Reis, der zwar in allen asiatischen Ländern als Grundnahrungsmittel gilt, aber in seiner Vielfalt an Sorten und Zubereitungsarten kaum zu übertreffen ist. Insgesamt spiegelt die asiatische Küche eine faszinierende Vielfalt an Zutaten, Aromen und Kochtechniken wider, die durch die gemeinsame Wertschätzung für das Garen über Wasserdampf miteinander verbunden sind. Diese Vielfalt macht die asiatische Küche zu einer der reichhaltigsten und spannendsten kulinarischen Traditionen der Welt.

REIS

Reis ist ein wesentlicher Bestandteil der asiatischen Küche und spielt eine zentrale Rolle in der Ernährung vieler Menschen, er ist das Grundnahrungsmittel schlechthin in Asien. In vielen asiatischen Kulturen hat Reis eine tiefe rituelle und kulturelle Bedeutung. Er wird oft bei religiösen Zeremonien, Festivals und besonderen Anlässen verwendet und symbolisiert Wohlstand, Fülle und Glück. Viele Festtage gehen mit seinem Anbau und seiner Ernte einher.

Er wird täglich in großen Mengen verzehrt und bildet die Basis vieler Mahlzeiten.

Es gibt eine Vielzahl von Reissorten, die in verschiedenen asiatischen Ländern je nach Klimabedingungen angebaut und verzehrt werden. Dazu gehören Basmati-Reis in Indien, Klebreis in Thailand, Jasminreis in Thailand und Vietnam, Sushi-Reis in Japan und Langkornreis in vielen anderen Ländern.

Immer neue ertragreichere Reissorten für verschiedene Klimazonen mit mehreren Ernten im Jahr werden erforscht und entwickelt.

Insgesamt ist Reis ein unverzichtbarer Bestandteil der asiatischen Küche und spielt eine wichtige Rolle in der Ernährung, Kultur und Wirtschaft vieler Länder in dieser Region. Seine Vielseitigkeit, Nahrhaftigkeit und kulturelle Bedeutung machen ihn zu einem Eckpfeiler der asiatischen Esskultur.

FRISCHE KRÄUTER, BLÄTTER UND RHIZOME

Frische Kräuter, Blätter und Rhizome bilden das Rückgrat der Aromen in der thailändischen Küche sowie in den Küchen Indochinas. Diese vielseitigen Zutaten verleihen den Gerichten nicht nur eine aromatische Frische, sondern auch eine Tiefe und Komplexität, die charakteristisch für die kulinarischen Traditionen dieser Regionen sind.

Zu den häufig verwendeten frischen Kräutern gehören Koriander, Thai-Basilikum, Minze, Zitronengras und Kaffir-Limettenblätter. Jedes dieser Kräuter bringt eine einzigartige Geschmacksnote mit sich, von zitronig-frisch bis würzig-aromatisch. Sie werden in Suppen, Currys, Salaten und vielen anderen Gerichten verwendet, um den Geschmack zu verbessern und den Gerichten eine besondere Note zu verleihen.

Rhizome wie Ingwer, Galgant und Kurkuma sind ebenfalls unverzichtbare Bestandteile vieler Gerichte in dieser Region. Sie verleihen den Speisen nicht nur einen würzigen Geschmack, sondern haben auch gesundheitliche Vorteile wie Förderung von Verdauung und allgemeinem Wohlbefinden.

Insgesamt sind frische Kräuter, Blätter und Rhizome das Herzstück der Aromen in der thailändischen Küche und den Küchen Indochinas. Ihre Vielseitigkeit und ihre Fähigkeit, den Geschmack von Gerichten zu verbessern, machen sie zu unverzichtbaren Bestandteilen der kulinarischen Landschaft dieser Regionen.

CHILISCHOTEN

Chilischoten sind ebenfalls ein unverzichtbarer Bestandteil vieler asiatischer Küchen und spielen eine zentrale Rolle in der Aromatisierung vieler Gerichte. Sie sind nicht nur für ihre Schärfe bekannt, sondern auch für ihr vielschichtiges Aroma, das je nach Sorte und Reifegrad variieren kann.

In den asiatischen Küchen werden Chilischoten in einer Vielzahl von Formen verwendet, darunter frisch, getrocknet, in Pulverform sowie als Saucen und Pasten. Frische und getrocknete Chilischoten werden oft in Currys, Suppen, Salaten und Wok-Gerichten verwendet, um diesen einen würzigen Kick zu verleihen. Sie können auch als Garnitur dienen, um den Gerichten Farbe und Geschmack zu verleihen. Getrocknete Chilischoten werden häufig in Gerichten verwendet, die eine tiefere, reichere Würze erfordern. Sie werden oft geröstet oder leicht angebraten, um ihr Aroma zu intensivieren, bevor sie zu Currys, Saucen oder Gewürzmischungen hinzugefügt werden.

Chilipulver ist ebenfalls sehr beliebt in asiatischen Küchen. Es wird oft als Gewürz verwendet, um den Gerichten Schärfe und Geschmack zu verleihen. Chilipulver kann auch in Marinaden, Rubs und Gewürzmischungen für eine Vielzahl von Gerichten verwendet werden. Darüber hinaus sind Chilisaucen und Pasten wie Sriracha, Sambal Oelek und Gochujang feste Bestandteile der asiatischen Küchen. Diese

Saucen und Pasten verleihen den Gerichten nicht nur Schärfe, sondern auch eine komplexe Geschmacksnote, die von »süß« bis »umami« reichen kann.

Insgesamt sind Chilischoten ein unverzichtbarer Bestandteil vieler asiatischer Gerichte und tragen dazu bei, die Aromen und Geschmacksprofile dieser Küchen zu bereichern und zu diversifizieren. Von milden bis hin zu extrem scharfen Varianten bieten Chilischoten eine Fülle von Möglichkeiten, um den Geschmack und die Intensität asiatischer Speisen zu beeinflussen.

TEILE DER KOKOSPALME

Die Kokospalme ist eine äußerst vielseitige Pflanze und verschiedene Teile davon werden in Küchen Süd- und Südostasiens für kulinarische sowie andere Zwecke verwendet. Hier sind einige der Teile der Kokospalme, die in asiatischen Küchen Verwendung finden:

Kokosnussfleisch: Das weiße Fleisch des inneren Teils der Kokosnuss wird in vielen asiatischen Gerichten verwendet, sowohl in süßen als auch in herzhaften Zubereitungen. Es wird oft geraspelt, gehackt oder in dünnen Streifen geschnitten und kann roh, gegrillt, gebraten oder gekocht genossen werden.

Kokosmilch und Kokoscreme: Kokosmilch wird aus dem Fleisch der Kokosnuss gewonnen und ist ein wichtiger Bestandteil vieler asiatischer Currys, Suppen, Marinaden, Desserts und Getränke. Sie verleiht den Gerichten eine reiche Textur und ein leicht süßliches Aroma. Kokoscreme hat in etwa den doppelten Fettgehalt von Kokosmilch.

Junge Kokosnuss: Das klare, süße Wasser in jungen Kokosnüssen, auch bekannt als Kokoswasser, ist eine erfrischende und nahrhafte Flüssigkeit, die in vielen tropischen Ländern Asiens direkt aus der Frucht genossen wird. Das noch dünne und weiche Fruchtfleisch wird ausgeschabt und kommt in Desserts, Suppen und Currys zum Einsatz.

Kokosöl: Kokosöl wird aus dem getrockneten Fleisch der Kokosnuss gewonnen und ist ein beliebtes Kochöl in vielen asiatischen Küchen. Es wird zum Braten, Frittieren, Backen und als Zutat in vielen Gerichten verwendet.

Kokosblütenzucker: Er wird aus dem Blütennektar der Kokospalme hergestellt und ist eine natürliche Alternative zu Zucker. Er ist sehr schmackhaft, hat aber etwas weniger Süßkraft als unser raffinierter Zucker. Er wird in vielen Speisen und Getränken verwendet und verleiht ihnen ein eigenes Aroma.

Auch Palmherz kann aus Kokospalmen gewonnen werden. Es handelt sich dabei um die Markstangen aus der Spitze der Palmen. Sie werden erst gewonnen, wenn die Palme nicht mehr trägt, da die Kokosnüsse einen wirtschaftlich höheren Wert haben.

Kokosfasern: Die Fasern aus der äußeren Schale der Kokosnuss werden in einigen asiatischen Ländern zur Herstellung von Kokosseilen, Matten und anderen Produkten verwendet.

Kokosblätter: Kokosblätter werden manchmal zum Einwickeln von Speisen beim Dämpfen oder Grillen verwendet und verleihen den Gerichten ein angenehmes Aroma.

Insgesamt ist die Kokospalme eine äußerst wichtige und vielseitige Ressource in den asiatischen Küchen und ihre verschiedenen Teile werden auf unterschiedliche Weise in der kulinarischen Tradition dieser Regionen genutzt.

KÖSTLICHKEITEN IN TEIG

In vielen asiatischen Küchen sind in Teig gewickelte Köstlichkeiten eine beliebte und vielseitige Zubereitungsart. Diese Gerichte unterscheiden sich je nach Region und kultureller Tradition, sowohl in Bezug auf die Teigherstellung als auch auf die Art der Füllungen und Zubereitung.

Diese in Teig gewickelten Köstlichkeiten unterscheiden sich durch die verschiedensten dafür verwendeten Mehlen oder Stärken für die Herstellung der Teighülle und den geschmacklichen Varianten sowie verschiedenen Zutaten für die Füllung. Bei manchen wird die Füllung auf ein über Dampf gelegtes, aus flüssigem Reisteig hergestelltes, dünnes Reispapier gegeben und darin eingeschlagen. Bei anderen ist der Teig fest, ähnlich einem Nudelteig. Dieser wird ausgerollt, gefüllt, gefaltet und anschließend über Dampf gegart. Auch die Zubereitungen der begleitenden Saucen oder Dips sind sehr unterschiedlich. Trotz ihrer Vielfalt sind jedoch alle Varianten köstliche Beispiele für die Vielseitigkeit und Kreativität der asiatischen Küche.

NUDELN

Nudeln spielen eine zentrale Rolle in der asiatischen Küche und sind in verschiedenen Formen, Größen und Zubereitungsarten weit verbreitet. Sie sind ein vielseitiges und beliebtes Grundnahrungsmittel, das in vielen asiatischen Ländern in unterschiedlichen Gerichten verwendet wird. Nudeln sind nicht nur vielseitig in ihrer Verwendung, sondern bieten auch eine breite Palette von Geschmacksrichtungen und Texturen, die die kulinarische Landschaft Asiens bereichern. Von Suppen über Bratnudeln bis hin zu Salaten sind Nudeln ein fester Bestandteil der asiatischen Küche und werden in zahlreichen köstlichen Gerichten genossen. Nudeln können aus festen »Nudelteigen« gerollt und geschnitten oder mit der Hand gezogen werden. Nudeln können aber auch aus flüssigem Reisteig, der dünn aufgetragen und gedämpft wird, hergestellt und dann geschnitten werden.

In der asiatischen Küche werden verschiedene Mehlsorten und Stärken verwendet, um eine Vielzahl von Nudelsorten herzustellen. Hier sind einige der häufigsten:

Weizenmehl: Weizenmehl ist eine der am häufigsten verwendeten Mehlsorten für die Herstellung von Nudeln in vielen asiatischen Ländern, darunter China, Japan und Korea. Es wird für eine Vielzahl von Nudelsorten von dicken Udon-Nudeln bis hin zu dünnen Ramen-Nudeln verwendet.

Buchweizenmehl: Buchweizenmehl wird in Japan für die Herstellung von Soba-Nudeln verwendet. Diese Nudeln haben einen charakteristischen nussigen Geschmack und eine leicht körnige Textur.

Reismehl: Reismehl wird häufig in vielen südostasiatischen Ländern wie Thailand, Indochina, Malaysia und Indonesien für die Herstellung von Reisnudeln verwendet. Diese Nudeln sind dünn, durchsichtig und haben eine glatte Textur.

Tapiokastärke: Tapiokastärke wird oft mit Reismehl gemischt, um Reisnudeln eine elastische Textur zu verleihen. Sie wird auch für die Herstellung von Perlsago verwendet, das in Desserts und Suppen in vielen asiatischen Ländern beliebt ist.

Mungbohnenmehl: Mungbohnenmehl wird für die Herstellung von Glasnudeln verwendet, die in vielen asiatischen Gerichten wie Suppen, Salaten und Wok-Gerichten verwendet werden. Diese Nudeln haben eine transparente Textur und nehmen den Geschmack der umgebenden Zutaten gut auf.

Diese Mehlsorten und Stärken werden je nach Region und kulinarischer Tradition in verschiedenen Kombinationen und Verhältnissen verwendet, um eine Vielzahl von Nudelsorten herzustellen, die die Vielfalt der asiatischen Küche widerspiegeln.

FERMENTIERTE SOJABOHNEN

Fermentierte Sojabohnen sind ein essenzieller Bestandteil vieler Gerichte in ganz Südost- und Ostasien. Sie finden in verschiedenen Formen und Zubereitungsarten Verwendung und tragen maßgeblich zum Geschmack und zur Textur vieler traditioneller Speisen bei.

Eine der bekanntesten Formen fermentierter Sojabohnen ist die Sojasauce, die in vielen asiatischen Küchen als universelles Würzmittel verwendet wird. Durch den Fermentationsprozess entwickelt die Sojasauce eine komplexe Geschmacksnote, die sowohl salzig als auch »umami« ist und eine unverzichtbare Zutat in zahlreichen asiatischen Gerichten darstellt.

Eine weitere beliebte Anwendung fermentierter Sojabohnen ist die Miso-Paste, die vor allem in der japanischen Küche weit verbreitet ist. Miso wird durch Fermentation von Sojabohnen mit Salz und oft auch Getreide hergestellt und verleiht Suppen, Saucen und Marinaden eine tiefe, reiche »umami«-Note.

Neben Sojasauce und Miso finden fermentierte Sojabohnen auch in Form von Tempeh, Natto und Thua Nao Verwendung, die jeweils in verschiedenen asiatischen Ländern populär sind. Diese fermentierten Sojaprodukte bieten nicht nur einzigartige Geschmacksprofile, sondern sind auch reich an Proteinen und anderen Nährstoffen, was sie zu einer gesunden und nahrhaften Ergänzung der asiatischen Küche macht.

Insgesamt spielen fermentierte Sojabohnen eine zentrale Rolle in der kulinarischen Landschaft Südost- und Ostasiens und tragen maßgeblich zum reichen und vielfältigen Geschmackserlebnis dieser Region bei.

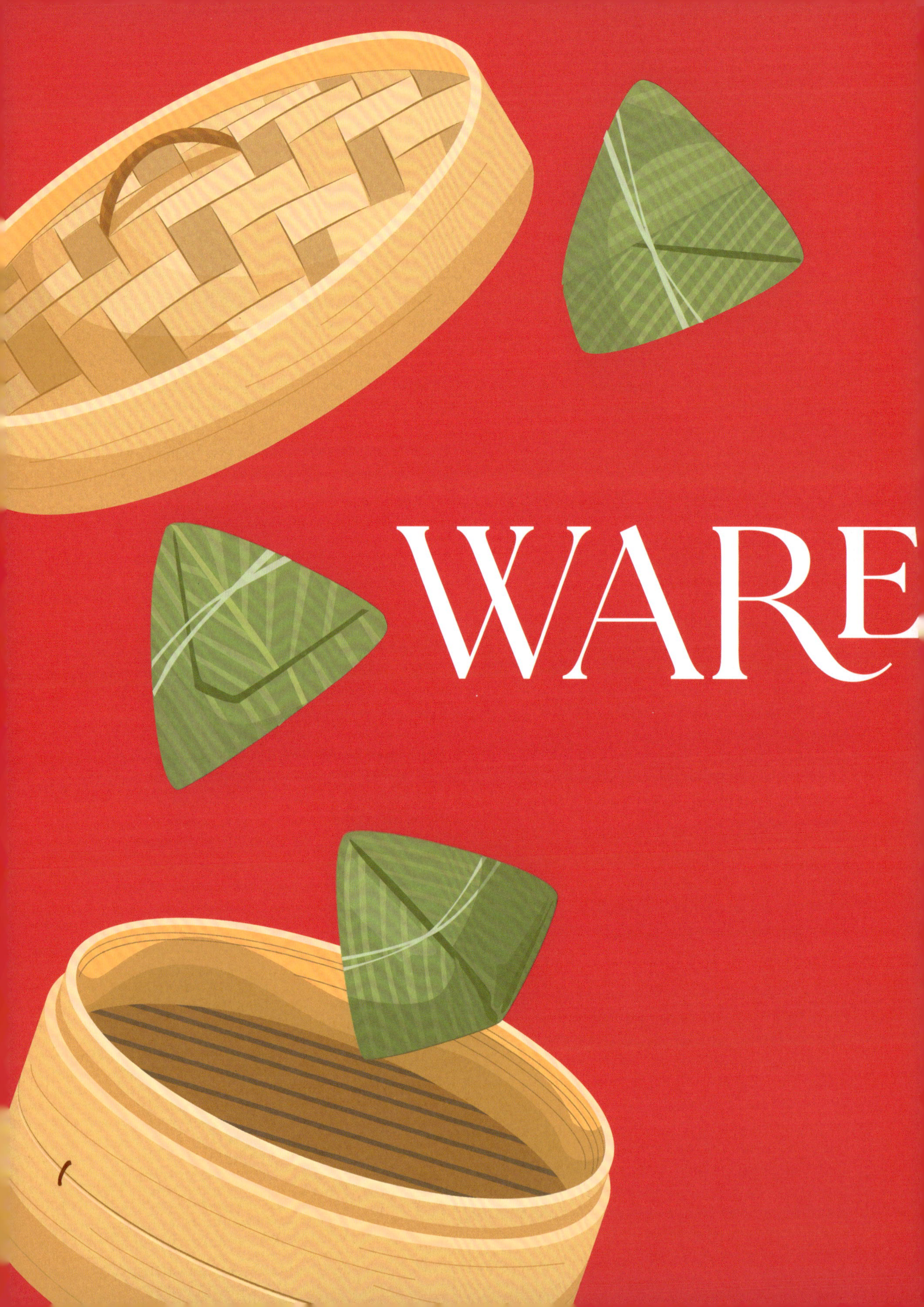
WARE

NKUNDE

2023

ASIATISCHE ZUTATEN

WÜRZPASTEN, SAUCEN & KOCHWEINE

Diese können je nach Marke sehr unterschiedlich im Geschmack sein. Daher haben wir auf Seite 35, 36 und 37 die Marken abgebildet, welche wir für die Rezepterstellung verwendet haben.

Austernsauce
Eine dickflüssige Würzsauce aus Austernextrakt, Sojasauce, Zwiebeln und Knoblauch. Sie ist eine ideale Würzsauce zum Kochen, eignet sich aber auch zum Zubereiten von Marinaden.

Chinesisches Sesamöl
Es ist sehr intensiv nussig und wird aus gerösteter Sesamsaat zubereitet.

Chinesischer Reiswein
Wir verwenden hierbei den Shaoxing-Reiswein. Er ist ein durch die Verzuckerung und Fermentation von Reis hergestelltes alkoholisches Getränk mit goldgelber bis nussbrauner Farbe und einem Geschmack, der an Sherry erinnert.

Dashi
Ist eine Brühe aus der japanischen Küche, zubereitet mit Wasser, Kombu-Algen und Bonito-Flocken. Ein Rezept zur Herstellung finden Sie auf Seite 209.

Doubanjiang
Eine für die Sichuan-Küche typische fermentierte Chilibohnenpaste aus fermentierten Saubohnen, Chilischoten und Sojabohnen.

Fermentierte Sojabohnenpaste
Fermentierte Sojabohnenpaste hat einen starken »umami«-Geschmack und ist etwas salziger als Miso-Paste. Sie kann aber gegebenenfalls durch diese ersetzt werden.

Fischsauce
Sie ist eine wichtige Würzzutat in der thailändischen und vietnamesischen Küche. Fischsauce wird aus verschiedenen kleinen Fischen, vorwiegend Anchovis, unter Zugabe von Salz und Wasser hergestellt. Die Fische werden in Tontöpfe geschichtet und eingesalzen. Diese werden zum Fermentieren in die Sonne gestellt. Nach 6–12 Monaten ist die bräunliche, sehr aromatische Fischsauce fertig. Sie wird gefiltert, pasteurisiert und in Flaschen abgefüllt. Wenn Sie Fischsauce kaufen, sollte diese immer bräunlich und klar sein, keinesfalls trüb. Das leicht fischige Aroma der puren Sauce wird beim Kochen weitgehend überlagert durch andere Geschmacksträger wie Kräuter, Limetten etc.

Gochujang-Chilipaste
Das ist eine fermentierte Paste aus Gochu-Chilischoten, Klebreismehl und Sojabohnenmehl. Traditionell wird sie in Tontöpfen zubereitet und aufbewahrt.

Geröstete Chilipaste (Nam Prik Pao)
Diese Paste hat weniger Schärfe, dafür ein gutes Röstaroma von Schalotten und Knoblauch. Tamarinde verleiht ihr zudem Säure.

Helle Sojasauce
Eine klare, hellbraune, sehr salzige Sauce. Sie wird zum Würzen anstelle von Salz verwendet. Wenn in unseren Rezepten Sojasauce genannt wird, meinen wir helle Sojasauce.

Hoisin-Sauce
Eine dickflüssige Sauce aus fermentierten Sojabohnen. Sie ist süßlich im Geschmack, oftmals enthält sie auch Fünf-Gewürz-Pulver.

Kecap Manis
Sie ist die schwarze Sojasauce aus Indonesien. Geschmacklich ist sie etwas bitterer als die Thai-Variante.

Sojasauce
Sie ist hierzulande die bekannteste japanische Sojasauce. Für unsere Rezepte nehmen wir meist die salzreduzierte Variante mit dem grünen Verschluss – wir geben dann »salzreduziert« an. Steht im Rezept nicht »salzreduziert«, nehmen wir die salzhaltige Kikkoman-Sojasauce mit dem roten Verschluss. Wer es salzärmer mag, nimmt dennoch die grüne und gibt nach Bedarf etwas mehr Salz dazu.

AUSTERNSAUCE

SHAOXING-REISWEIN

CHINESISCHER REISWEIN

DASHI

Mirin
Süßer japanischer Reiswein, er ist nicht unbedingt zum Trinken geeignet, aber zum Kochen hat Mirin seinen festen Platz in der japanischen Küche.

Helle Miso-Paste
Eine sehr gesunde Paste aus fermentierten Sojabohnen und einem Anteil Reis.

Sake
Japanischer Reiswein, in guter Qualität auch sehr gerne getrunken, ist Sake vor allem als Kochwein sehr beliebt.

Sambal Oelek
Sambals sind dickflüssige indonesische Würzsaucen auf der Basis von frischen Chilischoten. Das fertig zu kaufende Sambal Oelek hat eine gute Schärfe. Es kann diversen Marinaden und Dip-Saucen beigefügt werden.

Schwarze Sojasauce
Wie der Name sagt, ist sie von dunklerer Farbe. Sie hat eine dickflüssige Konsistenz, ist süßlich mit einem malzigen Aroma. Sie wird zum Würzen verschiedenster Gerichte und auch Marinaden verwendet. Bei dunklen Sojasaucen gibt es je nach Marke und vor allem je nach asiatischem Ursprungsland sehr starke Unterschiede im Geschmack. Die Rezepte im Buch sind alle auf die auf Seite 37 abgebildete Marke abgestimmt.

Sriracha-Chilisauce
Eine scharfe rote Chilisauce, welche den Erzählungen nach zuerst im gleichnamigen Dorf hergestellt wurde. Sriracha-Chilisauce gibt es in unterschiedlichen Schärfegraden zu kaufen. Sie ist die ideale Dip-Sauce für Snacks und Fingerfood.

Tamarindenpaste
Die Tamarinde ist die bohnenförmige Frucht des Tamarindenbaumes. Die süße Tamarinde wird sehr gerne roh gegessen. Die saure Tamarinde findet anstelle von Limette in der Küche zum Säuern von Speisen Verwendung. Im Asia-Markt findet man fertige Tamarindenpaste im Glas, wobei sich die verschiedenen Marken im Säuregehalt unterscheiden können. Daher kann die zu verwendende Menge im Rezept variieren.

DOUBANJIANG

SRIRACHA-CHILISAUCE

FERMENTIERTE SOJABOHNENPASTE

FISCHSAUCE

GERÖSTETE CHILIPASTE (NAM PRIK PAO)

HELLE SOJASAUCE

SCHWARZE SOJASAUCE

MEHLE, STÄRKEN, TEIGE & NUDELN

Reismehl
wird vor allem als Reismehl und braunes Reismehl für verschiedenste Teige und Desserts verwendet.

Klebreismehl
hat einen hohen Stärkegehalt und kommt sehr viel im Dessertbereich für Teige zum Einsatz. Es gibt neben dem weißen Klebreismehl auch ein dunkles.

Tapiokamehl
Tapiokamehl wird aus der getrockneten Wurzelknolle des Manioks gewonnen. Ein fast geschmacksneutrales Stärkemehl, das in Thailand häufig als Bindemittel und für Desserts zum Einsatz kommt. Es enthält keine Allergene und ist glutenfrei.

Sagoperlen
sind ein Produkt aus der Stärke der Sagopalme. Meist werden sie als kleine Kugeln angeboten und daher auch gerne »Perlsago« genannt. Heutzutage werden Sagoperlen auch oftmals aus Maniokknollen hergestellt, sind also eigentlich Tapiokaperlen.

Pfeilwurzelmehl
Das geschmacksneutrale Pulver aus den unterirdischen Sprossen der Pfeilwurz wird vorwiegend als Bindemittel verwendet. Es hinterlässt beim Eindicken keinen milchigen Schimmer und ist somit auch für Gelees gut geeignet. Alternativ kann Agar-Agar verwendet werden.

Kichererbsenmehl (Gram Flour)
Kichererbsenmehl oder Besan ist ein Hülsenfruchtmehl, das aus Chana Dal oder braunem Kaala Chana, einer Kichererbse, hergestellt wird. Es ist eine Hauptzutat in der Küche des indischen Subkontinents.

Chana Dal
Chana Dal besteht aus halben, geschälten Kichererbsen. Es ist ebenfalls eine Hauptzutat in der Küche des indischen Subkontinents.

Glasnudeln
Sie werden aus Mungbohnenstärke hergestellt. Die glitschigen Nudeln kommen für Salate, Suppen und Wokgerichte zum Einsatz. Sie sollten, außer sie werden frittiert, 15 Minuten in lauwarmem Wasser quellen, bevor sie weiterverarbeitet werden. Aufgrund ihrer Länge empfiehlt es sich, sie mit einer Schere einige Male durchzuschneiden.

Udon-Nudeln
sind eine Nudelsorte der japanischen Küche. Sie wird aus Weizenmehl, Speisesalz und Wasser hergestellt, hat eine weiße bis cremeweiße Farbe sowie eine weiche, elastische Konsistenz. Udon sind die dicksten Nudeln der japanischen Küche und werden zu vielen verschiedenen Gerichten verwendet.

Soba-Nudeln
sind dünne Buchweizen-Nudeln mit brauner Farbe aus der japanischen Küche.

Reisnudeln
Davon gibt es eine Vielzahl in runden oder flachen Formen. Die getrockneten Reisnudeln sollten wie Glasnudeln vor der Weiterverarbeitung in lauwarmem Wasser quellen, außer sie sollen frittiert werden. Je nach Breite bzw. Durchmesser der Nudeln sind diese unterteilt in Sen Yai (für breite Nudeln über 3 cm), Sen Leg (schmale Nudeln) und Sen Mee Khow (ganz feine Vermicelli). Frische Reisnudeln müssen selbst hergestellt werden. Ein Rezept dafür befindet sich auf Seite 70.

Wan-Tan-Teig
Hierbei handelt es sich um sehr dünn ausgerollte elastische Teigblätter. Der Teig besteht aus Weizenmehl, Eiern, Salz sowie Wasser und ähnelt klassischem Nudel-/Pastateig. Wan-Tan-Teig ist in verschiedenen Packungsgrößen erhältlich.

Gyoza-Teig
ist ein sehr elastischer, dünn ausgerollter Teig. Er besteht aus Weizenmehl, Stärke, Salz und Wasser. In Asia-Märkten ist er im TK-Regal zu finden, meist sind es kleine, runde Teigblätter. Ist er einmal nicht vorrätig, können Sie auch Wan-Tan-Teig verwenden, um die Gyozas zuzubereiten.

WEITERE ZUTATEN

Palmzucker
Er wird aus dem Saft verschiedener Palmenarten gewonnen. Durch Einkochen kristallisiert der Zucker und erhält eine leicht hellbraune Farbe. Im Handel erhält man ihn als dickflüssige Paste und als feste Stücke. Er hat eine geringere Süßkraft als weißer

Industriezucker und einen ganz eigenen tollen Geschmack mit Karamellnote.

Kokosraspel TK
bezieht sich auf frische in feine Streifen geraspelte Kokosnuss. Wird in Asia Läden in kleinen Packungen tiefgekühlt angeboten.

Kokosmilch
Was in Europa beim Kochen die Sahne, das ist in Südostasien die Kokosmilch. Für die Herstellung wird das Fruchtfleisch von Kokosnüssen ausgeschabt, mit Wasser versetzt und ausgepresst. Die dabei entstehende Flüssigkeit hat einen Fettgehalt von 15–25 Prozent. Wir verwenden immer thailändische Marken.

Kokoscreme
ist in der Regel doppelt so fett wie Kokosmilch. Macht Speisen daher cremiger.

Thai-Klebreis
Er wird sehr viel im Norden und Nordosten des Landes verwendet sowie für Desserts in ganz Thailand. Im rohen Zustand ist der weiße Klebreis vom Jasminreis sehr leicht durch sein opak-weißes Äußeres zu unterscheiden. Auf der Verpackung wird er zwar häufig als »Thai Glutinous Reis« gekennzeichnet, enthält aber, wie alle Reissorten, kein Gluten. Gegessen wird Klebreis vorwiegend mit den Fingern, da er aufgrund seiner Klebrigkeit leicht mit den Fingern zu kleinen Bällchen geformt und so in Dip-Saucen eingetaucht werden kann. Er passt besonders gut zu Gegrilltem oder den schmackhaften Thai-Salaten.

Es gibt mehrere Methoden, um Klebreis zuzubereiten, für mich ist die beste Methode über Wasserdampf, also nicht direkt in Verbindung mit Wasser (siehe auch Seite 215). Vor dem Kochen wird der Reis mindestens 3 Stunden in kaltem Wasser zum Quellen beiseitegestellt. Anschließend durch ein Sieb gießen und über sprudelnd kochendem Wasser dämpfen. Dazu den Reis in ein mit einem sauberen, dampfdurchlässigen Küchentuch ausgelegtes Sieb oder Bambuskorb geben, die Ecken des Tuchs darüberschlagen, den Deckel auflegen und so ungefähr 30 Minuten dämpfen.

Schwarzer Klebreis
Die schwarze Klebreisvariante wird wie weißer Klebreis gegart. Vor dem Garen sollte er aber noch, am besten über Nacht, in Wasser quellen. Er hat ein sehr nussiges Aroma. Oftmals werden schwarzer und weißer Klebreis vor dem Garen gemischt, wobei der Anteil an weißem

Klebreis etwas höher ist. Nach dem Garen ergibt sich daraus eine schöne violette Farbe. Die Garzeit von schwarzem Klebreis ist mit etwa 40 Minuten etwas länger als bei der weißen Variante.

Gerösteter Reis
Für einige Gerichte wird gerösteter, fein gemörserter Reis verwendet. Hierfür wird roher, trockener weißer Klebreis bei mittlerer Temperatur goldbraun geröstet und anschließend im Mörser fein zerstampft. Alternativ zum Mörser kann man auch einen Standmixer verwenden. In kleinen Gläsern ist dieser auch fertig in Asia-Läden erhältlich.

Knoblauchöl
Den Knoblauch abziehen und grob hacken oder mörsern. Dann in Öl bei mittlerer Hitze rösten, bis er eine goldbraune Farbe erreicht. Das Öl abkühlen.

Chili-Öl
Getrocknete Chiliflocken in Öl bei mittlerer Hitze 1–2 Minuten rösten. Das Öl dann abkühlen.

FRISCHE ASIATISCHE ZUTATEN. KRÄUTER, BLÄTTER UND RHIZOME

Bananenblätter
Die großen Blätter dienen beim Grillen oder Dämpfen von Speisen als Verpackung, sie werden nicht mitgegessen. Des Weiteren werden sie als traditionelle Verpackung, als Garnitur zum Servieren von Gerichten und zur Herstellung von Seilen, Matten, Körben und Gestellen genutzt. Frisch bekommt man sie in Asia-Läden und Großmärkten, ansonsten muss man mit der tiefgekühlten Variante vorliebnehmen.

Blatt-Koriander
Hat einen »minzigen« Koriandergeschmack. Er lässt sich als Topfpflanze sehr gut anbauen. Die frischen Blätter bekommt man sonst meist nur in Asia-Märkten und sie sind wie Basilikum nicht sehr lange haltbar.

Thailändisches Pfefferblatt – Cha-Phlu-Blätter
Die großen herzförmigen Blätter mit einer matten und einer glänzenden Seite zeichnen dieses Würzkraut aus. Sie werden als junge Blätter roh in Vorspeisen verzehrt, können aber auch gefüllt und dann frittiert oder gegrillt verwendet werden. Der Geschmack ist würzig-intensiv. Sie halten gut verpackt und gekühlt bis zu zwei Wochen frisch. Thailändisches Pfefferblatt wird auch als Heilmittel gegen Fieber, Erkältungen, Asthma und Zahnschmerzen angewendet.

Curryblätter
Die grünen Blätter des Currybaums (Murraya koenigii) werden als Curryblätter bezeichnet. Trotz des Namens haben Curryblätter nichts mit dem Currypulver gemeinsam, sie unterscheiden sich in Geschmack und Aroma. Sie werden in der indischen Küche sehr häufig verwendet und sind bei uns in Asia-Läden frisch oder getrocknet erhältlich.

Galgant
Der Begriff »Galgant« bezeichnet eine Gruppe von Vertretern aus der Familie der Ingwergewächse. Es wird dabei zwischen dem Großen Galgant bzw. Thai-Ingwer, Echtem Galgant bzw. Kleinem Galgant, der Gewürzlilie und dem Tropenkrokus bzw. Fingerwurz unterschieden. Hauptsächlich Verwendung in der Küche findet der Große Galgant. Er hat ein weißes Fruchtfleisch und ist im Geschmack eher mild. Man verwendet ihn in Scheiben geschnitten oder fein gehackt in Suppen, Würzpasten und Vorspeisen.

Frischen Galgant wickelt man am besten in Folie ein und lagert ihn im Kühlschrank. So beträgt seine Haltbarkeit mehrere Wochen. Wie Ingwer kann er aber auch tiefgekühlt verwendet werden. Echter Galgant hat ein orange-rotes Fruchtfleisch und einen relativ scharfen Geschmack. Er wird i.d.R. getrocknet als Heilmittel eingesetzt. Das Rhizom der Gewürzlilie wird in China und Indonesien sowohl zum Würzen als auch als Heilmittel eingesetzt. Galgant ist nicht nur ein aromatisches Würzmittel, sondern hat auch weitere gesundheitsfördernde Inhaltsstoffe, die antioxidativ, antibakteriell und entzündungshemmend wirken.

Galgant muss nicht geschält werden, es reicht, wenn man ihn gut wäscht.

Fingerwurz oder -ingwer
Die Pflanze aus der Ingwerfamilie bildet dünnere, zu Bündeln zusammengewachsene Rhizome. Die Wurzel ist eine häufig verwendete Zutat und wird vor allem für Suppen und Würzpasten verwendet. Meist wird sie in Kombination mit Kaffir-Limette und deren Blättern verwendet. In Thailand wird sie i.d.R. frisch verwendet, sie kann aber gut tiefgekühlt werden. Ihre Inhaltsstoffe wirken verdauungsfördernd, antibakteriell und entzündungshemmend.

Fingeringwer muss nicht geschält werden, es reicht, wenn man ihn gut wäscht.

Kaffir-Limettenblätter
Die glänzenden festen Blätter des Kaffir-Limettenstrauchs haben ein äußerst intensives Zitronenaroma. Ihr Einsatzgebiet ist vielfältig. Mitgekocht in Suppen, werden die Blätter im Ganzen verwendet. Sollen sie mitgegessen werden, wird der harte Stielansatz entfernt und das Blatt in möglichst feine Streifen geschnitten. Kaffir-Limettenblätter erhält man selten frisch, in allen Asia-Läden aber tiefgekühlt. Die in den Blättern enthaltenen Inhaltsstoffe wirken sich positiv z. B. auf die Leber aus.

Koriander
Beim Geschmack von frischem Koriander scheiden sich die Geister, manche lieben ihn, andere hassen ihn. Der Geschmack wird dabei je nach Vorliebe als »seifig«-unangenehm bis pfeffrig-aromatisch beschrieben. Koriander findet weltweit Verwendung, allerdings ist der Verbrauch in Thailand am höchsten. Nicht nur die Blätter, auch die Stängel und Wurzeln werden hier verwertet. Daher sollte man Koriander am besten immer im Asia-Laden kaufen, da er dort i.d.R. mitsamt den Wurzeln erhältlich ist. Diese sind sehr aromatisch und werden für verschiedene Marinaden, Pasten und Brühen verwendet. Koriander gedeiht auch wunderbar im Garten oder in Töpfen auf dem Fensterbrett. Seine ätherischen Öle unterstützen die Verdauung insbesondere die Leberfunktion, seine antibakteriellen Wirkung kann bei Durchfall helfen.

Pandan-Blatt
Diese faserigen, langen, spitz zulaufenden Blätter mit feinem, süßlichem Aroma werden nicht direkt gegessen, sondern zum Aromatisieren mitgekocht oder darin eingewickelte Speisen gegrillt. Zur Herstellung von Pandan-Extrakt werden die Blätter fein geschnitten mit etwas Wasser versetzt im Standmixer püriert und durch ein Sieb passiert, um so ihre intensive grüne Farbe im Dessertbereich und in Getränken zu verwenden. In Asia-Märkten ist dieses Pandan-Extrakt als Konserve erhältlich. Frische Blätter können in Frischhaltefolie gewickelt und im Kühlschrank gelagert mehrere Wochen aufbewahrt werden. Der Geschmack ist süßlich-frisch-blumig und erinnert an Vanille, weshalb Pandan auch gelegentlich als »ostasiatische Vanille« bezeichnet wird.

PANDAN-EXTRAKT SELBST GEMACHT

Pandan-Extrakt ist ein äußerst beliebter Geschmacksstoff in Südostasien, insbesondere für die Zubereitung von Desserts. Es verleiht den Gerichten ein charakteristisches Aroma und eine angenehme Süße. Für Pandan-Extrakt gibt es zwei Varianten: Man kann entweder fertiges Extrakt kaufen, das jedoch manchmal nicht die gewünschte Intensität im Aroma aufweist, oder man verwendet frische Pandan-Blätter.

Für die Herstellung von Pandan-Extrakt aus frischen Pandan-Blättern werden die Blätter zunächst gehackt und dann mit etwas Wasser in einem Standmixer zerkleinert, um die Aromen freizusetzen. Anschließend wird die Flüssigkeit aus den zerkleinerten Blättern extrahiert, entweder durch Auspressen oder durch Abseihen. Dieser frische Extrakt hat oft ein intensiveres und authentischeres Aroma im Vergleich zum fertigen Extrakt aus dem Geschäft. Es ist ratsam, den frisch zubereiteten Pandan-Extrakt in kleinen Mengen einzufrieren, um seine Frische und sein Aroma zu bewahren. Auf diese Weise steht immer eine Reserve an Pandan-Extrakt zur Verfügung, um Desserts und anderen Gerichten den unverwechselbaren Geschmack zu verleihen, den man aus der südostasiatischen Küche kennt.

Schmetterlingserbsenblüte
Die blauen Blütenblätter werden in der Küche zum Blaufärben und als Garnitur genutzt. Häufig finden sie in Tees Verwendung. Blauer Tee ist in südostasiatischen Ländern seit Jahrhunderten bekannt. Seine Inhaltsstoffe wirken entgiftend, antioxidativ und entspannend. Die Schmetterlingserbse ist bei uns nur in getrocknetem Zustand erhältlich.

Süßes Thai-Basilikum
Neben frischem Koriander wohl eines der am meisten verwendeten Kräuter in Thailand. Das Basilikum mit seinen großen dunkelgrünen Blättern und violetten Blüten wird für Currys, Suppen, Salate, Vorspeisen verwendet. Der Geschmack ist süßlich-pfeffrig mit Anis- und Lakritznoten. Es werden i.d.R. die Blätter verwendet, die allerdings nicht mitgekocht, sondern am Ende vor dem Servieren dem Gericht zugegeben werden. Leider hält es auch gekühlt nicht sehr lange frisch und die Blätter beginnen sich dann dunkel zu verfärben. Es gedeiht jedoch prächtig in europäischen Breiten. Am besten eine kleine Topfpflanze kaufen, sie wird sehr schnell wachsen und kann dann immer frisch geerntet werden. Süßes Thai-Basilikum ist förderlich für die Fettverdauung, appetitanregend und hilfreich gegen Magenverstimmungen.

Zitronengras
Das zart zitronig duftende Gras ist eine Gewürz- und Heilpflanze und findet in der Thai-Küche weitreichende Verwendung. Wenn es in Gerichten mitgegessen wird, sollte nur der untere helle Teil fein gehackt verwendet werden. Nach oben hin wird das Gras immer faseriger. Diese Teile können in Brühen, Suppen oder Saucen verwendet werden und werden dann nicht mitgegessen. Sehr praktisch sind die oberen Anteile als Spieße, da sie einerseits fest genug sind, um Lebensmittel damit aufzuspießen, andererseits aber noch zusätzliches Aroma beisteuern. Zitronengras hält im Kühlschrank sehr lange frisch, sollte daher auch immer frisch gekauft werden und nicht in der getrockneten Variante. Neben der Verwendung in der Küche wird aus Zitronengras das Zitronengrasöl gewonnen. Die ihm zugeschriebenen Wirkungen gehen von antibakteriell bis erfrischend, kühlend. Es wird auch häufig als Duftstoff eingesetzt.

GETROCKNETE ZUTATEN

Ajowan oder Königskümmelsamen
Sie sind die Samen einer Kümmelart, die aus dem Mittelmeerraum stammt. Sie werden hauptsächlich im orientalischen und asiatischen Raum als Gewürz verwendet und schmecken würzig und pfeffrig, stark nach Thymian gemischt mit anderen Aromen.

Bockshornklee
Der Geschmack ist unverwechselbar mit bitteren und leicht scharfen Nuancen. Bockshornklee kann als eigenes Gewürz verwendet werden, ist aber auch häufig Teil von Gewürzmischungen wie Currymischungen. Von Bockshornklee werden nicht nur die Samen, sondern auch Blätter in der indischen Küche verwertet.

Fermentierte schwarze Bohnen
Fermentierte, in der Sonne getrocknete schwarze Bohnen werden mit Salz nach einer traditionellen natürlichen Methode zubereitet. Sie haben eine knusprige Qualität, einen köstlichen Geschmack.

Garam Masala
Masala ist das indische Wort für Gewürzmischung. Garam Masala ist eine Trockengewürz-Mischung mit duftender Note. Gewürznelken, Piment, Kardamom und Zimt sind typische Zutaten. Auch für Garam Masala gibt es zahlreiche Rezepte.

Getrocknete Shrimps
Kleine Shrimps werden gekocht, gesalzen und getrocknet. Erhältlich in Asia-Läden.

Gochugaru-Chilipulver
Das Chilipulver wird aus den eher milden roten Gochu-Chilischoten gewonnen, daher ist es ideal für alle, die es nicht so scharf mögen. Es hat eine schöne sattrote Farbe.

Makhwaen-Pfeffer
ist eine in Nordthailand wachsende Pfeffersorte, die mit dem Szechuanpfeffer verwandt ist. Sie erinnert im Geschmack auch an ihn und kann deshalb gut damit ersetzt werden. Leider sind diese Pfefferkörner außerhalb Thailands nur sehr schwer erhältlich.

VORS
& SN

PEISEN
ACKS

JAPANISCHES CHAWAN MUSHI

Für 4 Portionen
Zubereitungszeit: 40 Minuten
Im Dampfgarer: 30 Minuten bei 85 °C
Im Bambuskorb: 20 Minuten bei 100 °C

Für den Custard
- 3 Eier
- 250 ml Dashi (aus Instant-Dashi oder selbst gemachter Brühe, siehe Seite 209)
- 2 EL Mirin
- 1 ½ EL Sojasauce (z. B. Kikkoman)
- Salz

Für die Einlage
- 8 Edamame-Schoten (TK)
- 8 dünne Karottenscheiben
- 50 g Shimeji-Pilze (Buchenrasling)
- 4 mittelgroße Garnelenschwänze, gesäubert und geschält

Zum Anrichten
- frische Sprossen (optional)

Für den Custard die Eier in eine Schüssel aufschlagen und verrühren. Das Dashi, den Mirin und die Sojasauce zugeben, alles gut verquirlen und dann durch ein Haarsieb abseihen. Mit Salz abschmecken.

Für die Einlage die Edamame 5 Minuten dämpfen und die Kerne aus den Schoten lösen. Aus den Karottenscheiben nach Wunsch mit einem Ausstecher dekorative Formen (z. B. Blüten) ausstechen.

Alle Einlagezutaten gleichmäßig in vier Tassen à 150 ml Fassungsvermögen geben und diese mit der Custard-Mischung bis 2 cm unter den Rand auffüllen. Die Tassen dann in den Dampfkorb stellen und bei 85 °C für 30 Minuten dämpfen. Im Bambuskorb bei 100 °C verringert sich die Garzeit auf 20 Minuten.

In den Tassen servieren und nach Belieben einige frische Sprossen darüberstreuen.

GEFÜLLTE SHIITAKE-PILZE

Für 16 gefüllte Pilze
Zubereitungszeit: 20 Minuten
Im Dampfgarer/Bambuskorb: 4 Minuten bei 100 °C

Für die gefüllten Shiitake-Pilze
- 250 g Garnelenschwänze, geschält und gesäubert
- 1 Schalotte
- 1–2 Knoblauchzehen
- ¼ Frühlingszwiebel
- 50 g Schweinefett (grüner Speck), fein gewolft
- 1 EL geröstete, weiße Sesamsaat
- 1 EL helle Sojasauce
- ½ TL Zucker
- Chiliflocken
- Salz
- 16 Shiitake-Pilze
- 1 EL Pflanzenöl

Für die Sauce
- 2 EL helle Sojasauce
- 2 EL Sesamöl
- 2 TL Reisessig

Zum Anrichten
- fein gewürfelte milde, rote Chilischote oder Snackpaprika

Für die Füllung die Garnelenschwänze mit Küchenpapier trockentupfen und grob schneiden. Die Schalotte und die Knoblauchzehen abziehen und fein schneiden. Die Frühlingszwiebel putzen und in feine Scheiben schneiden.

Die Garnelenschwänze, die Schalotte und den Knoblauch zusammen mit dem Schweinefett, der Sesamsaat, der Sojasauce und dem Zucker in einem Standmixer nicht zu fein pürieren, nur so lange, bis eine Bindung entsteht. Dann die Frühlingszwiebel untermischen und mit Chiliflocken und Salz abschmecken. Die Stiele der Pilze abschneiden.

Dann die Pilzkappen mit der Lamellenseite nach oben in einen gelochten Garbehälter setzen. Die Hände etwas einölen und aus der Füllung 16 Bällchen formen. Diese auf die Shiitake-Pilze legen und leicht andrücken. Die gefüllten Pilze 4 Minuten bei 100 °C dämpfen.

Für die Sauce die Zutaten in einer kleinen Schüssel verrühren.

Die gefüllten Pilze noch warm auf Tellern anrichten, etwas von der Sauce darüberträufeln und mit den Chili-/Paprikawürfeln bestreuen.

EDAMAME MIT INGWER, KNOBLAUCH UND CHILI

Für 1 kleine Schüssel
Zubereitungszeit: 15 Minuten
Im Dampfgarer/Bambuskorb: 5 Minuten bei 100 °C

Für die Edamame mit Ingwer, Knoblauch und Chili
- 300 g Edamame (TK)
- 1 EL helle Sojasauce
- 1 TL Sesamöl
- 1 EL gerösteter Knoblauch
- 1 TL fein geriebener Ingwer
- 1 TL Doubanjiang (Chili-Bohnen-Paste)

Zum Anrichten
- geröstete weiße Sesamsaat

Die Edamame 5 Minuten bei 100 °C dämpfen. Anschließend kalt abspülen und mit Küchenpapier trockentupfen.

Die Sojasauce, das Sesamöl, den gerösteten Knoblauch, den Ingwer und die Doubanjiang in einer Schüssel glatt rühren. Die Sauce gleichmäßig unter die Edamame mischen.

Die Edamame in kleine Schüsseln füllen und mit der Sesamsaat bestreuen.

TIPP: Nur die Kerne der Edamame verzehren. Edamame zählen zu den Hülsenfrüchten und enthalten nicht hitzebeständige Stoffe, die die Aufnahme anderer Nährstoffe behindern (»Anti-Nährstoffe«). Sie sollten also vor dem Verzehr unbedingt erhitzt werden. Im Handel sind sie meist als TK-Ware erhältlich. Sie sind dann schon blanchiert, vorgekocht oder gedämpft – also verzehrfertig. Die Schoten sind sehr faserig und auch nach dem Kochen nicht zum Verzehr geeignet.

AUBERGINEN-NAM-PRIK MIT GEDÄMPFTEM GEMÜSE

Für 2 Schalen
Zubereitungszeit: 25 Minuten
Im Dampfgarer/Bambuskorb: 15 Minuten bei 100 °C

Für das Nam Prik

- 1 Aubergine (ca. 300–350 g)
- 4 Schalotten
- 2 grüne Chilischoten
- 4 Knoblauchzehen
- 1 EL getrocknete Shrimps
- ½ TL gemahlene Kurkuma
- 2 EL Fischsauce

Zum Anrichten

- 2 Stängel Koriander, grob gehackt
- 4 Portionen gedämpftes Gemüse (z. B. Karotte, grüner Spargel, Zuckerschoten, Blumenkohl, Mais, Pilze)
- 4 hart gekochte Eier, gepellt und halbiert

Die Aubergine waschen und im Ganzen im Dampfgarer bei 100 °C für 15 Minuten dämpfen. Die Schalotten, die Chilischoten und den Knoblauch mit der Schale auf dem Grill oder im Backofen rösten, bis sie außen schwarz sind. Die getrockneten Shrimps in der Gewürzmühle mahlen.

Die gedämpfte Aubergine schälen und in Stücke schneiden. Die Schalotten und den Knoblauch abziehen, die Chilischoten enthäuten und alles in Stücke schneiden. Alles in einen Mörser füllen, die restlichen Zutaten zugeben und zu einer Paste stampfen.

Das Nam Prik in Schalen füllen und mit den Korianderblättern bestreuen. Das gedämpfte Gemüse und die halbierten Eier rundherum anrichten.

INDISCHE GEDÄMPFTE BAFAURI

Für 15 Stück
Zubereitungszeit: 30 Minuten plus 3–4 Stunden Ruhezeit
Im Dampfgarer/Bambuskorb: 20 Minuten bei 100 °C

Für die indischen gedämpften Bafauri
- 150 g Chana Dal
- 1 kleine Zwiebel
- 3 Knoblauchzehen
- 1 grüne Chilischote
- ½ TL Kreuzkümmelsamen
- 1 TL Ajowan-Samen (Königskümmel)
- 3–4 Stängel frischer Koriander
- 1 TL fein geriebener Ingwer
- ½ TL gemahlene Kurkuma
- ½ TL Kaisernatron
- Salz
- 1 EL neutrales Pflanzenöl plus etwas mehr für die Form

Zum Anrichten
- Koriander-Minze-Raita (siehe Seite 212)

Die Chana Dal für 3–4 Stunden in Wasser einweichen. Abseihen und mit einem Mixer zu einer Paste pürieren.

Die Zwiebel und die Knoblauchzehen abziehen und fein schneiden. Die Chilischote in feine Scheiben schneiden. Die Kreuzkümmel- und Ajowan-Samen in einer Pfanne kurz ohne Fettzugabe anrösten und dann im Mörser zerstoßen.

Den Koriander waschen, trockenschütteln, die Blätter abzupfen und hacken.

Die Zwiebel, den Knoblauch, die Chilischote, alle Kräuter, Gewürze und das Natron zum Chana-Dal-Püree geben und gut durchmischen. Mit Salz abschmecken. Dann das Öl und nach und nach etwa 50 ml Wasser untermischen. Dabei nur so viel Wasser verwenden, bis eine sehr dickflüssige Masse entsteht.

Die Masse in ausgefettete Förmchen streichen und 20 Minuten bei 100 °C dämpfen.

Die fertigen Bafauri aus den Förmchen nehmen. Auf Teller anrichten und mit einem Koriander-Minze-Raita servieren.

TIPP: Für die Zubereitung der Bafauri eignet sich zum Beispiel ein »Idli-Ständer«.

INDISCHE DUDHI MUTHIYA VON ZUCCHINI

Traditionell werden hierfür Flaschenkürbisse verwendet, da diese bei uns schwer zu finden sind, habe ich dieses Rezept mit Zucchini zubereitet.

Für 4 Portionen
Zubereitungszeit: 35 Minuten
Im Dampfgarer/Bambuskorb: 20 Minuten bei 100 °C

Für die Dudhi Muthiya

250 g Zucchini
½ weiße Zwiebel
3–4 Stängel frischer Koriander
40 g Vollkornweizenmehl
40 g Kichererbsenmehl (Gram Flour)
40 g Weizengrieß
¼ TL Kaisernatron
1 TL mildes Madras-Currypulver
½ TL Zucker
¼ TL gemahlene Fenchelsaat
1 TL fein geriebener Ingwer
1 TL Zitronensaft
Salz
1 EL neutrales Pflanzenöl plus etwas mehr zum Anbraten
1 rote Chilischote
1 TL Senfsaat
1 TL weiße Sesamsaat
1 EL Butterschmalz
einige Curryblätter
gehackte Minze

Zum Anrichten

Koriander-Chutney (siehe Seite 213)

Für die Dudhi Muthiya die Zucchini waschen, putzen und grob raspeln. Die Zwiebel abziehen und fein würfeln. Den Koriander waschen, trockenschütteln, die Blätter abzupfen und hacken.

In einer Schüssel die Mehle mit dem Grieß, dem Natron, dem Currypulver, dem Zucker und der Fenchelsaat vermischen. Das Wasser aus den Zucchini pressen und die Zucchiniraspel zusammen mit der Zwiebel, dem Koriander, dem Ingwer und dem Zitronensaft zur Mehlmischung geben. Alles gut verkneten und mit Salz abschmecken.

Aus dem Teig Rollen mit etwa 3 cm Durchmesser formen. Den Garbehälter mit dem Öl einstreichen, die Rollen darauflegen und 20 Minuten bei 100 °C dämpfen. Nach dem Dämpfen 5 Minuten ruhen lassen, dann in etwa 1 cm breite Scheiben schneiden.

Die Chilischote nach Wunsch entkernen und in feine Scheiben schneiden. Die Senf- und die Sesamsaat in einer Pfanne ohne Fettzugabe anrösten, bis sie zu springen beginnen. Dann das Butterschmalz, die Curryblätter und die Chilischote zugeben. Die Dudhi-Muthiya-Scheiben flach in die Pfanne legen und kurz bräunen. Zum Schluss die gehackten Minzblätter unterschwenken.

Die Scheiben auf Tellern anrichten und zusammen mit dem Koriander-Chutney servieren.

TIPP: Wer es gesünder haben möchte, kann auf das Rösten verzichten.

GEDÄMPFTE DAL-KÜCHLEIN

Für 15 Stück
Zubereitungszeit: 30 Minuten plus 3–4 Stunden Ruhezeit
Im Dampfgarer/Bambuskorb: 15 Minuten bei 100 °C

Für gedämpfte Dal-Küchlein
- 150 g Chana Dal
- 30–50 ml Kokosmilch
- 2–3 Stängel Koriander
- 50 g geraspelte Kokosnuss
- 1 TL fein geriebener Ingwer
- 1 TL scharfes Madras-Currypulver
- ¼ TL Kaisernatron
- Salz
- 1 EL neutrales Pflanzenöl
- 1 rote Chilischote
- 1 EL Butterschmalz oder neutrales Pflanzenöl
- gehackte Minze

Zum Anrichten
- geröstete Kokosflocken
- Raita (siehe Seite 212)

Für die Pattys die Chana Dal 3–4 Stunden in Wasser einweichen. Danach abseihen und in einem Mixer zusammen mit der Kokosmilch zu einer Paste pürieren.

Den Koriander waschen, trockenschütteln, die Blätter abzupfen und hacken. Dann zusammen mit der Kokosnuss, dem Ingwer, dem Currypulver und dem Natron zu den pürierten Chana Dal geben und alles verrühren. Es sollte eine feste, leicht formbare Konsistenz haben. Mit Salz abschmecken.

15 kleine Bällchen aus der Masse formen und diese flach drücken. Einen gelochten Garbehälter mit dem Öl einstreichen, die Küchlein darauflegen und bei 100 °C für 15 Minuten dämpfen.

Die Chilischote nach Wunsch entkernen, in feine Scheiben schneiden und in Butterschmalz oder Pflanzenöl rösten. Dann die gedämpften Küchlein in die Pfanne geben und kurz bräunen. Zuletzt die gehackten Minzblätter zugeben und kurz durchschwenken.

Die Küchlein auf Teller anrichten und mit Kokosflocken bestreuen. Das Raita in einer separaten Schale dazu servieren.

MIT MANGO GEFÜLLTE GARNELEN

Für 4 Portionen
Zubereitungszeit: 30 Minuten
Im Dampfgarer: 4–5 Minuten bei 80 °C
Im Bambuskorb: 3–4 Minuten bei 100 °C

Für die mit Mango gefüllten Garnelen

- ½ Mango
- 12 Garnelenschwänze mit Schale (8–12)
- 1 EL Reismehl
- 6 große oder 12 kleine Cha-Phlu-Blätter
- neutrales Pflanzenöl für den Garkorb

Für das heiße Würzöl

- 4 Knoblauchzehen
- 2 Schalotten
- 1 rote Chilischote
- 1 Frühlingszwiebel
- 6 EL Sesamöl
- 1 EL geröstete weiße Sesamsaat
- 1 EL helle Sojasauce
- 2 TL Chilisauce

Zum Anrichten

- 8 Cha-Phlu-Blätter
- gehackte frische Kräuter (z. B. Koriander oder Minze)
- Spalten 1 unbehandelten Limette (optional)

Für die mit Mango gefüllten Garnelen die Mango schälen und quer in Streifen schneiden. Die Garnelen vorsichtig schälen, dabei das Schwanzende belassen, und den Darm entfernen. Von oben längs »butterfly« aufschneiden, aber nicht ganz durchschneiden.

Die Garnelen in Reismehl wenden. Mit der eingeschnittenen Seite nach unten zwischen zwei Stück Folie legen und vorsichtig dünn ausklopfen. Ein Cha-Phlu-Blatt sowie ein Stück Mango darauflegen und die Garnele über die breite Seite aufrollen. Die Rollen mit der Nahtstelle nach unten in einen etwas geölten Garkorb legen und 4–5 Minuten bei 80 °C dämpfen (bei 100 °C im Bambuskorb 3–4 Minuten).

Für das Würzöl den Knoblauch und die Schalotten abziehen und fein hacken. Die Chilischote putzen, nach Wunsch entkernen und ebenfalls fein hacken. Die Frühlingszwiebel putzen und in feine Scheiben schneiden. Das Öl in einer Pfanne erhitzen. Den Knoblauch und die Schalotten darin anrösten, bis sie beginnen, Farbe anzunehmen. Dann die Chilischote, die Frühlingszwiebel und die Sesamsaat zugeben und kurz aufschäumen. Mit der Soja- und der Chilisauce abschmecken.

Die Garnelenröllchen noch heiß auf Cha-Phlu-Blättern anrichten, das heiße Würzöl darüber verteilen und mit frischen Kräutern bestreuen. Mit Limettenspalten servieren.

TIPP: Für den »butterfly« oder Schmetterlingsschnitt bei Garnelen einfach den Schnitt entlang der Rückenlinie zum Entfernen des Darms anschließend so weit vertiefen, dass die Hälften gut auseinandergeklappt werden können, sie aber nicht auseinanderfallen.

DRUNKEN CHICKEN MIT GOJIBEEREN

Für 4 Portionen
Zubereitungszeit: 40 Minuten
Im Dampfgarer/Bambuskorb: 20 Minuten bei 100 °C

Für das Drunken Chicken mit Gojibeeren
1 küchenfertiges Huhn
1 kleine Zwiebel
10 cm Staudensellerie
5 Scheiben Ingwer
1–2 Sternanis
1 TL Zucker
Salz
1 EL getrocknete Gojibeeren
150 ml Shaoxing-Reiswein
4 EL helle Sojasauce

Das Huhn waschen, putzen und die Knochen auslösen. Die beiden ausgelösten Hühnerkeulen einrollen und die Rollen mit Zahnstochern fixieren. Das Huhn in einen passenden Garbehälter geben.

Die Zwiebel abziehen und vierteln. Den Staudensellerie entfädeln und in dünne Stäbchen schneiden. Die Zwiebel, den Staudensellerie, den Ingwer, den Sternanis, den Zucker und etwas Salz zum Huhn geben und mit Wasser auffüllen, sodass das Huhn gerade bedeckt ist.

Im Dampfgarer für 20 Minuten bei 100 °C garen. Nach 10 Minuten die Gojibeeren zugeben. Anschließend 150 ml Hühnerbrühe abseihen. Dazu den Reiswein und die Sojasauce geben und das Huhn in dieser Brühe abkühlen lassen.

Die Hühnerteile gegen die Faser in 1 cm dicke Scheiben schneiden und diese zusammen mit den Gojibeeren und dem Staudensellerie auf Tellern anrichten. Die Brühe nach Geschmack etwas salzen und über das Huhn gießen.

GEDÄMPFTE RINDERWADE MIT REISWEIN

Für 4 Portionen
Zubereitungszeit: 2 Stunden im Dampfgarer plus mindestens 6 Stunden Ruhezeit
Im Dampfgarer/Bambuskorb: 2 Stunden bei 100 °C

Für die gedämpfte Rinderwade mit Reiswein

- 2 schwarze Kardamomkapseln
- 1 TL Szechuanpfeffer
- 20 g fermentierter Tofu
- 1 EL fermentierte Sojabohnenpaste
- 2 EL helle Sojasauce
- 2 TL schwarze Sojasauce
- ½ TL 5-Spice-Gewürzmischung
- 2 TL Zucker
- 800 g Rinderwade

Zum Anrichten

- 1 Frühlingszwiebel
- ¼ Stängel Staudensellerie
- 2 EL Shaoxing-Reiswein
- 1 TL Chiliflocken
- Salz
- 1–2 EL geröstetes Sesamöl
- Gemüse-Garnitur (z. B. dekorative Karottenstücke; optional)

Für die Marinade die Kardamomkapseln und den Szechuanpfeffer im Mörser zerstoßen. Den fermentierten Tofu mit einer Gabel zerdrücken. Dann die gemörserte Mischung und den Tofu mit der Sojabohnenpaste, der Sojasauce, der schwarzen Sojasauce, der Gewürzmischung und dem Zucker zu einer Marinade verrühren.

Die Rinderwade parieren und längs halbieren. Rundherum mit der Marinade einstreichen und abgedeckt mindestens 6 Stunden im Kühlschrank marinieren lassen.

Die marinierte Rinderwade im Dampfgarer für 2 Stunden bei 100 °C im Garbehälter dämpfen.

Den entstandenen Garsud durch ein Sieb abseihen und beiseitestellen. Das Fleisch zum Auskühlen beiseitestellen und vor dem Anrichten gegen die Faser in dünne Scheiben schneiden. Nach Wunsch kann das Fleisch vor dem Servieren im Dampfgarer erwärmt werden.

Vor dem Anrichten die Frühlingszwiebel putzen und schräg in feine Scheiben schneiden. Den Staudensellerie entfädeln, in 5 cm lange Stücke schneiden und diese jeweils in feine Längsstreifen schneiden. Die Frühlingszwiebel und den Staudensellerie für einige Minuten in Eiswasser legen, damit sie knackig werden. Vor dem Servieren gut abtropfen lassen.

Den Reiswein und die Chiliflocken in den Garsud einrühren, mit Salz abschmecken und kurz erhitzen.

Die Fleischscheiben auf einem Teller kreisförmig anrichten. In die Mitte den Staudensellerie und die Frühlingszwiebel geben. Den erwärmten Garsud über das Fleisch gießen. Das Sesamöl darüber verteilen und nach Wunsch mit Karottenstücken dekorieren.

TEIG-
TASC

HEN

FRISCHE REISNUDELROLLEN

Für 6–8 Reisnudelrollen
Zubereitungszeit: 45 Minuten
Im Dampfgarer/Bambuskorb: 5 Minuten bei 100 °C für das Gemüse
Im Dampfgarer/Bambuskorb: 8 x 3 Minuten bei 100 °C für die Reisnudeln

Für die Reisnudelrollen
- ½ Karotte
- 50 g Staudensellerie
- 100 g gemischte Pilze
- 100 g Tofu
- 50 g Bambussprossen (Konserve)
- 1 EL helle Sojasauce
- 1 EL Pilzsauce
- 1 TL Zucker
- 1 EL gerösteter Knoblauch mit Knoblauchöl
- Salz
- frisch gemahlener weißer Pfeffer
- 65 g Reismehl
- 35 g Tapiokamehl
- neutrales Pflanzenöl für die Platte

Für die Dip-Sauce
- 1 ½ EL Zucker
- 1 EL helle Sojasauce
- 1 TL schwarze Sojasauce

Zum Anrichten
- Frühlingszwiebelscheiben
- frische Sprossen

Für die Füllung die Karotte, den Staudensellerie und die Pilze putzen, gegebenenfalls schälen und in feine Streifen schneiden. Den Tofu ebenfalls in feine Streifen scheiden. Die vorbereiteten Zutaten mit den Bambussprossen, der Sojasauce, der Pilzsauce, dem Zucker und dem Knoblauch vermischen und mit Salz und Pfeffer abschmecken. Dann alles in einem Garbehälter legen und 5 Minuten bei 100 °C dämpfen.

Die beiden Mehlsorten mit 240 ml Wasser und ½ TL Salz zu einem dünnflüssigen Teig verrühren.

Am besten eine quadratische flache Form, alternativ einen flachen Teller, in den Dampfgarer legen. Die heiße Platte mit Öl einpinseln und 80–100 ml Teig darauf gut verlaufen lassen. Es sollte nur 2–3 mm dick sein. Abgedeckt den Teig 3 Minuten bei 100 °C dämpfen. Anschließend auskühlen lassen und mit einer kleinen Küchenspachtel die Reisnudelplatte von der Platte lösen. Wird ein runder Teller verwendet, dann sollten die Ränder begradigt werden. Anschließend die Füllung auftragen und die Teigplatte zu einer Rolle zusammenrollen.

Für die Dip-Sauce alle Zutaten mit 3–4 EL heißem Wasser in einer Schüssel verrühren, bis sich der Zucker aufgelöst hat.

Die Rollen auf den Tellern anrichten und jeweils einige Male durchschneiden. Etwas Sauce darüberträufeln und mit Frühlingszwiebeln und Sprossen garnieren.

TIPP: Als Form eignet sich auch eine quadratische Form, die aus Alufolie hergestellt wird. Dazu eine entsprechende Form mit Alufolie auskleiden, einen niedrigen Rand formen und die Folienform herausnehmen.

THAILÄNDISCHE GEFÜLLTE SAGO-BÄLLCHEN

Für ca. 20 Stück
Zubereitungszeit: 40 Minuten
Im Dampfgarer/Bambuskorb: 4 Minuten bei 100 °C

Für die Füllung
- 2 Schalotten
- 2 Knoblauchzehen
- ½ Stängel Zitronengras
- 1 Korianderwurzel (alternativ 2 Stängel Koriander)
- 5 dünne Scheiben Galgant
- 2 EL süß-saurer Rettich
- 1 EL geröstete Erdnusskerne
- 3 EL Kokosraspel (TK; Asia-Laden)
- 1 EL getrocknete Garnelen
- 2 EL neutrales Pflanzenöl
- 3 EL Palmzucker
- 1 EL Tamarindenpaste
- 1 EL Fischsauce
- 150 g Garnelenschwänze ohne Schale, gesäubert
- frisch gemahlener weißer Pfeffer

Für den Teig
- 125 g Tapiokaperlen (weiß oder grün)

Zum Anrichten
- 1 EL Knoblauchöl mit geröstetem Knoblauch
- 1 EL Röstschalotten
- 1 EL geröstete Kokosflocken
- einige kleine rote Chilischoten, in dünne Scheiben geschnitten
- einige Blätter frischer Koriander

Für die Füllung die Schalotten und Knoblauchzehen abziehen und fein schneiden. Ebenso das Zitronengras, die Korianderwurzel, den Galgant und den süß-sauren Rettich fein schneiden oder hacken. Die Erdnusskerne fein hacken. Die Kokosraspel einige Male durchschneiden. Die getrockneten Garnelen in einer Gewürzmühle oder im Mörser zerkleinern.

In einer Pfanne das Öl erhitzen und die Schalotten, den Knoblauch, das Zitronengras, die Korianderwurzel und den Galgant darin anrösten. Dann den Zucker, den Rettich, die Kokosraspel, die Erdnusskerne sowie die getrockneten Garnelen zugeben und kurz weiter rösten. Mit der Tamarindenpaste und der Fischsauce würzen. Zuletzt die Garnelenschwänze fein hacken und zugeben. So lange unterrühren, bis sie halb gegart sind. Die Mischung pfeffern und zum Abkühlen beiseitestellen.

Für den Teig die Tapiokaperlen mit kaltem Wasser kurz waschen, dann in einer Schüssel bedeckt mit kaltem Wasser 15 Minuten stehen lassen. Die Perlen sollten jetzt weich sein. Das Wasser durch ein Sieb gut abseihen.

Ein Stück Frischhaltefolie auf eine Handfläche legen und ½ EL Füllung darauf platzieren. Daraus ein kleines Bällchen formen und die Folie wieder entfernen. Mit der übrigen Füllung ebenso verfahren.

Eine weiteres Stück Frischhaltefolie flach ausbreiten und etwa 1 EL der Tapiokaperlen dünn darauf ausstreichen. Ein Bällchen Füllung darauflegen und mithilfe der Folie den Sago um die Füllung herumwickeln und leicht andrücken. Auf diese Weise alle Bällchen mit Tapioka umhüllen.

Die Sago-Bällchen in einen Garbehälter geben und 4 Minuten bei 100 °C garen.

Vor dem Servieren die gedämpften Sago Bällchen rundherum mit Knoblauchöl einstreichen.

Die Sago-Bällchen auf den Tellern anrichten und Röstschalotten und Kokosflocken darüberstreuen. Mit den Chiliringen und frischem Koriander garnieren.

DIM SUM MIT WASSERKASTANIEN UND SCHNITTKNOBLAUCH

Für 8 Dim Sum
Zubereitungszeit: 45 Minuten
Im Dampfgarer/Bambuskorb: 5–6 Minuten bei 100 °C

Für die Füllung
- 200 g geputztes Gemüse (Wasserkastanien, Kürbis, Spinat, Schnittknoblauch, weißer Rettich)
- 1–2 Schalotten
- 1 cm Ingwer
- 1 EL Sesamöl
- 1 EL helle Sojasauce
- 1 EL Austernsauce
- 1 TL Zucker
- 1 TL Maisstärkemehl
- Salz
- frisch gemahlener schwarzer Pfeffer

Für den Teig
- 1 TL neutrales Pflanzenöl
- 100 g Hagou-Mehl (Asia-Laden) plus etwas mehr für die Teigbearbeitung

Für den Dip
- 1 ½ EL helle Sojasauce
- 1 EL schwarzer Essig
- 1 TL schwarze Sojasauce
- einige rote Chilischeiben

Für die Füllung das Gemüse putzen und fein würfeln. Die Schalotten abziehen und fein schneiden. Den Ingwer fein schneiden. Das Sesamöl in einer Pfanne erhitzen und das Gemüse, die Schalotten sowie den Ingwer darin 3 Minuten rösten. Die helle Soja- und Austernsauce sowie Zucker zugeben. Die Maisstärke mit 1 EL kaltem Wasser anrühren, zugeben, gut verrühren und kurz aufkochen. Mit Salz und Pfeffer abschmecken.

Für den Teig 100 ml Wasser in einem Kochtopf aufkochen, das Pflanzenöl zugeben und das Mehl schnell einrühren. Den Topf vom Herd nehmen, den Teig auf eine Arbeitsfläche kippen und mit den Händen gut zu einem glatten, elastischen Teig kneten. Den Teig zu einer Kugel formen und 15 Minuten ruhen lassen.

Nach der Ruhezeit den Teig erneut kurz kneten und in 8 gleich große Stücke aufteilen. Die Teiglinge zu kleinen Kugeln formen, etwas Hagou-Mehl darüberstauben und mit einem Rollholz dünn zu Kreisen von 10–12 cm Durchmesser ausrollen.

Jeweils in die Mitte der Teigkreise 1 EL Füllung geben. Die Teigränder mit etwas Wasser befeuchten und zusammenfalten. Die Teigtaschen auf den gelochten Gareinsatz geben und 5–6 Minuten bei 100 °C dämpfen.

Für die Dip-Sauce alle Zutaten mit 2 EL Wasser in einer Schale verrühren.

Die Dim Sum frisch gedämpft auf den Tellern anrichten und die Dip-Sauce in einer separaten Schale dazu servieren.

TIPP: Hagou-Mehl (Hagou-Flour, Há cảo) ist eine Backmischung aus 85 % Reisstärke und 15 % Tapiokastärke. Sie eignet sich sehr gut zur Teigzubereitung für gefüllte Teigtaschen.

GEFÜLLTE BAO BUNS

Für 8 Stück
Zubereitungszeit: 1 Stunde
Im Dampfgarer: zweimal je 15 Minuten bei 40 °C
Im Dampfgarer/Bambuskorb: 12 Minuten bei 100 °C

Für den Teig
- 6 g frische Hefe oder
  1 TL Trockenhefe
- 110 ml warme Vollmilch
- 1 ½ EL Zucker
- 220 g Weizenmehl Type 405
- ¼ TL Salz
- 2 EL neutrales Pflanzenöl

Für die Füllung
- 2 Handvoll Blattsalate
- 1 rote Paprikaschote
- ¼ Salatgurke
- 1 Frühlingszwiebel
- 4 Stängel frischer Koriander
- 300 g Pulled Pork

Für den Teig die Hefe mit der Milch und dem Zucker in einer Schale verrühren und bei Raumtemperatur 10 Minuten gehen lassen.

Das Mehl in eine Schüssel sieben, das Salz untermischen und dann die Hefemischung damit verkneten. Nach und nach 1 EL Öl einkneten. Einige Minuten kneten, bis ein samtig glatter Teig entsteht. Den Teig zu einer Kugel formen und diese im Dampfgarer bei 40 °C für 15 Minuten gehen lassen. Alternativ abgedeckt 30 Minuten an einen warmen, zugfreien Ort stellen.

Anschließend kurz durchkneten und in 8 gleich große Teile teilen. Die Teiglinge jeweils zu einem Kreis von 10 cm Durchmesser ausrollen, mit 1 EL Öl bestreichen und über die Mitte zusammenfalten. Im Dampfgarer weitere 15 Minuten bei 40 °C gehen lassen. Alternativ abgedeckt 30 Minuten an einen warmen, zugfreien Ort stellen. Anschließend 12 Minuten bei 100 °C dämpfen.

Für die Füllung die Blattsalate waschen und trockenschleudern. Die Paprikaschote putzen und vom Kerngehäuse befreien, die Gurke schälen und gegebenenfalls entkernen. Dann beide in 8 cm lange Streifen schneiden. Die Frühlingszwiebel putzen und in Scheiben schneiden. Den Koriander waschen, trockenschütteln und die Blätter abzupfen. Das Pulled Pork etwas auseinanderzupfen.

Die Buns öffnen und mit den Zutaten füllen.

TIPP: Füllung für die Buns kann nach individuellen Vorlieben abgewandelt werden.

CHINESISCHE SALA BAO

Gedämpfte chinesische »Sala Bao« gelingen am besten, wenn man zwei Teige miteinander verknetet.

Für 10 Stück
Zubereitungszeit: 2 Stunden
Im Dampfgarer: zweimal 15 Minuten bei 40 °C
Im Dampfgarer/Bambuskorb: 15 Minuten bei 100 °C

Für die Teige
- 45 ml warme Milch
- 3,5 g Trockenhefe
- 23 g Zucker
- 190 g Bapao Red Lotus-Mehl (Asia-Laden, alternativ Weizenmehl Type 405)
- 3,5 g Backpulver
- ½ TL Salz
- 1 ½ EL neutrales Pflanzenöl

Für die Füllung
- 1–2 Schalotten
- 2 Knoblauchzehen
- 4 dünne Scheiben Ingwer
- ¼ Frühlingszwiebel
- 2–3 getrocknete Shiitake-Pilze
- 100 g Garnelenschwänze, geschält und geputzt
- 100 g Hackfleisch vom Schwein
- 2 EL Austernsauce
- 1 EL helle Sojasauce
- 1 EL Sesamöl
- 1 TL Zucker
- 1 EL Maisstärkemehl

Für die Dip-Sauce
- 50 ml helle Sojasauce
- 25 ml Reisessig

Zum Anrichten
- Chilisauce

Für den ersten Teig die Milch, 45 ml warmes Wasser, die Trockenhefe und 8 g Zucker verrühren und 10–15 Minuten an einem warmen, zugfreien Platz gehen lassen. 130 g gesiebtes Mehl zugeben und alles zu einem samtigen Teig verkneten. Etwa 15 Minuten im Dampfgarer bei 40 °C gehen lassen oder alternativ für 30 Minuten an einen warmen, zugfreien Ort stellen.

Für den zweiten Teig das restliche Mehl (60 g), das Backpulver, den restlichen Zucker (15 g), das Salz und das Pflanzenöl mit 2 EL Wasser zu einem samtigen Teig verkneten. Dann beide Teige gut zu einem Teig verarbeiten.

Für die Füllung die Schalotten und den Knoblauch abziehen, zusammen mit dem Ingwer und der Frühlingszwiebel fein schneiden. Die Shiitake-Pilze 10 Minuten in warmem Wasser einlegen, dann ausdrücken und fein hacken. Die Garnelen grob zerschneiden, in einen Standmixer umfüllen und zerkleinern. Die vorbereiteten Zutaten und das Hackfleisch mit den Würzsaucen, dem Sesamöl, dem Zucker und dem Maisstärkemehl gut verkneten und kühl stellen.

Den Teig in 40–50 g schwere Portionen teilen, diese rund formen und so flach drücken, dass die Ränder dünner als die Mitte sind. Die Mitte kann etwa 1 cm dick bleiben. In die Mitte der Teigkreise jeweils 1 EL der Füllung geben und den Rand über der Füllung nach oben zusammenfalten, den Verschluss festhalten und die Teigtasche leicht drehen.

Jeweils auf ein kleines Stück Backpapier stellen, dieses im gelochten Garbehälter für 15 Minuten bei 40 °C im Dampfgarer gehen lassen, dann für 15 Minuten bei 100 °C dämpfen.

Für die Dip-Sauce die beiden Zutaten gut miteinander verrühren.

Die frisch gedämpften chinesischen Sala Bao anrichten und die Dip-Sauce und die Chilisauce in separaten Schalen dazu servieren.

TIPP: Bapao Red Lotus-Mehl ist ein sehr fein gemahlenes Weizenmehl mit einem im Vergleich zu Weizenmehl Type 405 etwas niedrigerem Eiweiß- und Glutenanteil. Es eignet sich besonders gut zur Herstellung von gedämpften Speisen.

VEGETARISCHE GEDÄMPFTE GYOZA

Für 20 Gyoza
Zubereitungszeit: 30 Minuten
Im Dampfgarer/Bambuskorb: 5 Minuten bei 100 °C

Für die Gyoza
- 20 g getrocknete Glasnudeln
- 2 getrocknete Mu-Err-Pilze
- ½ Zwiebel
- 1–2 Knoblauchzehen
- 1 mittelgroße Karotte
- 100 g Chinakohl
- 3 Eier
- 2 EL neutrales Pflanzenöl
- 2 EL frische Erbsen
- ½ TL Zucker
- Salz
- frisch gemahlener weißer Pfeffer
- 20 Gyoza-Teigblätter

Für die Dip-Sauce
- 4 EL helle Sojasauce
- 2 EL Limettensaft
- 1 EL Sesamöl
- 1 TL geröstete weiße Sesamsaat
- 1 TL fein geriebener Ingwer

Zum Anrichten
- frische Sprossen

Für die Gyoza die Glasnudeln und die Mu-Err-Pilze für 10 Minuten in warmem Wasser einweichen. Anschließend die Glasnudeln einige Male durchschneiden. Die Pilze in kleine Stücke schneiden. Die Zwiebel und die Knoblauchzehen abziehen, die Karotte schälen. Alle drei Zutaten in feine Würfel schneiden. Den Chinakohl putzen und in feine Streifen schneiden.

Die Eier aufschlagen und verquirlen. 1 EL Öl in einer Pfanne erhitzen und die verquirlten Eier zu Rührei verarbeiten. Anschließend beiseitestellen. In einer anderen Pfanne das restliche Öl (1 EL) erhitzen und den Knoblauch sowie die Zwiebel darin anbraten, bis sie beginnen, Farbe anzunehmen.

Dann die Glasnudeln, die Pilze, die Karotte, den Chinakohl und die Erbsen 2 Minuten mitrösten. Anschließend das Rührei untermischen und mit dem Zucker, Salz und Pfeffer abschmecken. Die Mischung zum Auskühlen beiseitestellen.

Die Gyoza-Teigblätter auslegen, jeweils etwa 1 EL der Füllung in die Mitte setzen. Den Teig mit Wasser bestreichen und zusammenfalten. Einen gelochten Garbehälter mit etwas Öl bestreichen oder eine Auflage verwenden, die Gyoza darauflegen und 5 Minuten bei 100 °C dämpfen.

Für die Dip-Sauce alle Zutaten in einer Schale verrühren.

Die Gyoza anrichten und mit Sprossen garnieren. Die Dip-Sauce in einer separaten Schale dazu servieren.

VEGETARISCHE NEPALESISCHE MOMOS

Für 4 Portionen
Zubereitungszeit: 75 Minuten
Im Dampfgarer/Bambuskorb: 40 Minuten bei 100 °C plus 10 Minuten bei 100 °C

Für vegetarische nepalesische Momos

- 250 g Weizenmehl Type 405
- 1 EL neutrales Pflanzenöl plus etwas mehr für den Garbehälter
- Salz
- 250 g gemischtes Gemüse (z. B. Kartoffeln, Blumenkohl, Karotten, grüne Erbsen)
- 1 Zwiebel
- 3 Knoblauchzehen
- 1 EL geriebener Ingwer
- 1 getrocknete rote Chilischote
- ½ TL Szechuanpfeffer
- ½ TL Kurkumapulver
- 2 Stängel frischer Koriander

Zum Anrichten

- Tomaten-Chutney (siehe Seite 211)

Für den Teig das Mehl, das Öl, 1 Prise Salz und 125 ml Wasser in einer Schüssel zu einem samtigen Teig verkneten. 1 Stunde ruhen lassen und dann nochmals durchkneten.

Für die Füllung Kartoffeln je nach Größe 30–40 Minuten mit der Schale dämpfen. Blumenkohl in Röschen brechen, weiteres Gemüse ggf. schälen und größere Stücke grob zerteilen. Das Gemüse 5 Minuten dämpfen.

Die Zwiebel und die Knoblauchzehen abziehen und fein schneiden. Die Chilischote putzen, nach Wunsch entkernen und in Scheiben schneiden. Die Zwiebel, den Knoblauch, den Ingwer, die Chilischote, den Szechuanpfeffer und das Kurkumapulver in einer Pfanne ohne Fettzugabe anrösten, bis alles leicht gebräunt ist. Dann in einem Mörser oder mit einem Stabmixer zu einer Würzpaste verarbeiten.

Kartoffeln schälen und mit einer Gabel zerdrücken, das Gemüse klein hacken. Das ganze Gemüse in einer Schüssel mit der Würzpaste gut verrühren.

Den Koriander waschen, trockenschütteln, die Blätter abzupfen und hacken. Den Koriander untermischen und die Füllung mit Salz abschmecken.

Den Teig dünn ausrollen und Kreise mit 8 cm Durchmesser ausstechen. Jeweils 1 EL der Füllung in die Mitte geben. Dann den Teig über der Füllung nach oben falten und gut zusammendrücken.

Einen gelochten Garbehälter mit etwas Öl bestreichen (alternativ ein Stück Silikonmatte daraufgeben) und die Momos daraufsetzen. Für 10 Minuten bei 100 °C dämpfen.

Die Momos auf den Tellern anrichten und das Tomaten-Chutney in einer separaten Schale dazu servieren.

SALAT & SU

E

PPEN

BROKKOLI-SALAT MIT CASHEWKERNEN

Für 4 Portionen
Zubereitungszeit: 15 Minuten
Im Dampfgarer/Bambuskorb: 3 Minuten bei 100 °C

Für den Brokkoli-Salat
- 800 g Brokkoli
- 2 Schalotten
- 1 Frühlingszwiebeln
- 1 rote Chilischote (optional)
- 100 g geröstete Cashewkerne

Für die Marinade
- 2 Knoblauchzehen
- 1 cm Ingwer
- 6 EL helle Sojasauce
- 4 EL schwarzer Reisessig
- 2 EL Shaoxing-Reiswein
- 1 EL flüssiger Honig
- 2 EL geröstetes Sesamöl
- 2 TL Doubanjiang (Bohnenpaste mit Chili)
- Salz

Zum Anrichten
- 1 EL geröstete weiße Sesamsaat

Für den Salat den Brokkoli in mundgerechte Röschen zerteilen und in einem gelochten Garbehälter im Dampfgarer 3 Minuten bei 100 °C garen. Anschließend schnell abkühlen.

Die Schalotten abziehen und in feine Streifen schneiden. Die Frühlingszwiebeln und die Chilischote putzen. Letztere nach Wunsch entkernen und beide in feine Scheiben schneiden. Alles zusammen mit den Cashewkernen zum Brokkoli geben.

Für die Marinade den Knoblauch abziehen und den Ingwer schälen. Beides fein schneiden und mit den restlichen Zutaten in einer Schüssel zu einer Marinade verrühren. Mit Salz abschmecken.

Die Marinade über den Salat gießen und alles gut vermischen.

Den Brokkolisalat mit Cashewkernen in Schalen anrichten und die Sesamsaat darüberstreuen.

Yeo's
香麻油

EIER-TOFU-SALAT

Für 4 Portionen
Zubereitungszeit: 1 Stunde
Im Dampfgarer: 20 Minuten bei 85 °C

Für den Eier-Tofu

- 4 Eier
- 320 ml Sojamilch
- ½ TL Instant-Dashi-Pulver
- 2 EL Mirin
- 2 EL helle Sojasauce
- Salz

Für den Salat

- 4 Handvoll Blattsalate
- ca. 5 cm Ingwer für 2 TL Ingwersaft
- 2 EL Mirin
- 4 EL Sojasauce (z. B. von Kikkoman)
- 2 EL Sesamöl
- 2 EL Orangensaft
- etwas Abrieb von 1 unbehandelten Orange
- 1 EL Reisessig
- Salz
- frisch gemahlener schwarzer Pfeffer

Für die Radieschen

- 4 Radieschen

Zum Anrichten

- 2 EL Röstschalotten
- 1 EL gerösteter Knoblauch in Öl
- frische Sprossen nach Wahl
- essbare Blüten

Für den Eier-Tofu die Eier in eine Schüssel aufschlagen und verrühren. Die Sojamilch, das Dashi-Pulver, den Mirin und die Sojasauce zugeben und gut unterrühren. Das verquirlte Ei durch ein Haarsieb abseihen und mit Salz abschmecken.

Das Gemisch in Förmchen (z. B. Würfel) gießen und im Dampfgarer bei 85 °C je nach Größe 20 Minuten dämpfen. Anschließend abkühlen lassen und aus den Formen lösen.

Für den Salat die Salatblätter waschen und trockenschleudern. Den Ingwer schälen, fein reiben und mit etwas Wasser versetzen. Dann durch ein Haarsieb auspressen. Es werden 2 TL Ingwersaft benötigt.

Für das Dressing den Ingwersaft mit den restlichen Zutaten in einer Schüssel verrühren. Vor dem Anrichten die Salatblätter mit dem Dressing mischen.

Die Radieschen putzen, in Scheiben schneiden und kurz in Eiswasser legen. Vor dem Anrichten gut abtropfen lassen.

Die Blattsalate und Radieschenscheiben ringförmig auf den Tellern anrichten. Je ein Stück Eier-Tofu in der Mitte platzieren. Auf den Tofu die Röstschalotten, den Röstknoblauch und die Sprossen legen. Mit essbaren Blüten garnieren.

CHINESISCHER AUBERGINENSALAT

Für 4 Portionen
Zubereitungszeit: 15 Minuten
Im Dampfgarer/Bambuskorb: 10 Minuten bei 100 °C

Für den chinesischen Auberginensalat

- 2 Auberginen
- 2–3 Knoblauchzehen
- 1 Frühlingszwiebel
- 1 EL geröstete weiße Sesamsaat
- ca. 50 g fermentierter Tofu
- 2 TL fein geriebener Ingwer
- 1 ½ EL Sesamöl
- 2 EL Chiliöl
- 3 EL helle Sojasauce
- 2 EL Reisessig
- 1 TL Zucker
- Salz

Zum Anrichten

- in Eiswasser eingelegte Frühlingszwiebelstreifen
- geröstete weiße Sesamsaat

Die Auberginen erst quer, dann längs halbieren. Anschließend in Wedges schneiden und diese in einem gelochten Garbehälter für 10 Minuten bei 100 °C dämpfen.

Den Knoblauch abziehen und fein hacken. Die Frühlingszwiebel putzen und in feine Scheiben schneiden. Die Sesamsaat im Mörser zu einer Paste zerstoßen. Den fermentierten Tofu mit einer Gabel fein zerdrücken. Den Knoblauch, die Frühlingszwiebel, die Sesampaste und den zerdrückten Tofu mit den restlichen Zutaten zu einer Marinade verrühren. Nach Bedarf mit Salz abschmecken.

Die gedämpften Auberginen in der Marinade wenden.

Die Auberginen auf Tellern anrichten und mit Frühlingszwiebelstreifen und Sesamsaat garnieren.

TIPP: Der Auberginensalat kann sowohl warm als auch kalt serviert werden.

王致和
WANGZHIHE
玫瑰腐乳

SALAT VON GRÜNEM SPARGEL UND WAKAME

Für 4 Portionen
Zubereitungszeit: 15 Minuten
Im Dampfgarer/Bambuskorb: 4 Minuten bei 100 °C

Für den Salat
- 20 Stangen grüner Spargel
- 2 EL getrocknetes Wakame oder 200 g TK-Wakame
- ca. 5 cm Ingwer für 2 TL Ingwersaft
- 6 EL Sojasauce (z. B. von Kikkoman)
- 3 EL Mirin
- 2 TL helle Misopaste
- 2 EL Reisessig
- ¼ TL Wasabi
- 2 EL Sesamöl

Zum Anrichten
- 2 TL geröstete weiße Sesamsaat

Für den Salat die Spargelstangen im unteren Drittel schälen und gegebenenfalls holzige Anteile entfernen. Die Stangen auf einem gelochten Garbehälter 3–4 Minuten bei 100 °C dämpfen. Anschließend kalt abspülen und zum Abtropfen auf Küchenpapier legen.

Das getrocknete Wakame einige Minuten in kaltem Wasser einweichen, dann das Wasser auspressen. TK-Wakame auftauen lassen. Den Ingwer schälen, fein reiben und mit etwas Wasser versetzen. Dann durch ein Haarsieb auspressen. Es werden 2 TL Ingwersaft benötigt.

Den Ingwersaft mit den restlichen Zutaten in einer Schüssel zu einer Marinade verrühren.

Den Spargel quer halbieren, kurz durch das Dressing ziehen und auf den Tellern anrichten. Das Wakame ebenfalls kurz durch das Dressing ziehen und auf dem Spargel platzieren. Die Sesamsaat darüberstreuen.

THAI-MEERESFRÜCHTE-SALAT

Für 4 Portionen
Zubereitungszeit 20 Minuten
Im Dampfgarer/Bambuskorb: 3–4 Minuten bei 100 °C

Für den Thai-Meeresfrüchte-Salat
50 g getrocknete Glasnudeln (Woon-Sen-Nudeln)
Salz
3–4 getrocknete Mu-Err-Pilze
1 EL getrocknete kleine Garnelen
3 Stängel Thai-Sellerie
½ Salatgurke
3–4 Schalotten
12 Kirschtomaten
2–3 Blätter Kaffir-Limette
1–2 rote Chilischoten
1 Frühlingszwiebel
1 süßsauer eingelegte Knoblauchknolle (Asia-Laden)
50 g geröstete Erdnusskerne
200 g festes Fischfilet nach Wahl
4 Calamari-Tuben
8–12 Muscheln, je nach Größe
8–12 küchenfertige, mittelgroße Garnelenschwänze
5–6 EL Fischsauce
5–6 EL Limettensaft
3 EL Marinade vom süßsauer eingelegten Knoblauch
½ EL Palmzucker
2 EL Sriracha-Sauce

Zum Anrichten
Korianderblätter

Für den Salat die Glasnudeln für 10 Minuten in lauwarmem Wasser einweichen. Anschließend mit etwas gesalzenem Wasser in einem Garbehälter 3–4 Minuten bei 100 °C dämpfen. Danach abseihen, kalt abspülen und mit einer Schere etwas zerschneiden. Die Mu-Err-Pilze ebenfalls einweichen und wie die Nudeln vorbereiten. Die kleinen getrockneten Garnelen für 10 Minuten in Wasser einlegen.

Den Thai-Sellerie in 3 cm lange Stücke schneiden, die Gurke längs halbieren und in feine Scheiben schneiden. Die Schalotten abziehen und in feine Streifen schneiden. Die Kirschtomaten halbieren. Die harten Stiele der Limettenblätter entfernen und den Rest in sehr feine Streifen schneiden. Die Chilischote putzen, nach Wunsch entkernen und fein schneiden oder hacken. Die Frühlingszwiebel putzen und in feine Scheiben schneiden. Den eingelegten Knoblauch hacken oder fein schneiden. Alles zusammen mit den Erdnusskernen zu den Glasnudeln geben.

Das Fischfilet in mundgerechte Stücke schneiden und die Calamari-Tuben quer in 1 cm breite Ringe schneiden. Die Muscheln gründlich in kaltem Wasser waschen und geöffnete Muscheln aussortieren. Den Fisch, die Calamari-Ringe, die Muscheln und die gesäuberten Garnelenschwänze in einem Garbehälter für 3–4 Minuten bei 100 °C dämpfen und noch warm zu den Glasnudeln geben. Muscheln, die nach dem Garen nicht geöffnet sind, aussortieren.

Für die Marinade die Fischsauce, den Limettensaft, die Marinade vom süßsauer eingelegten Knoblauch, den Zucker und die Sriracha-Sauce in einer Schüssel anrühren, über den Salat gießen und alles gut mischen.

Den Salat frisch vermischt lauwarm auf vier Tellern anrichten und mit Korianderblättern garnieren.

VIETNAMESISCHER CALAMARI-SALAT

Für 4 Portionen
Zubereitungszeit: 15 Minuten
Im Dampfgarer/Bambuskorb: 3 Minuten bei 100 °C

Für den Calamari-Salat
- 400 g große Calamari-Tuben
- 70 g Staudensellerie
- 12 Kirschtomaten
- 4 Schalotten
- 1 Frühlingszwiebel
- 1 Handvoll gemischte Blätter von Koriander, Blattkoriander und Minze
- 2–3 EL geröstete Erdnusskerne
- 2 EL Palmzucker
- 1 rote Chilischote (optional)
- 3–4 Knoblauchzehen
- 4 EL Limettensaft
- 3 EL Fischsauce
- 1 EL Sesamöl

Zum Anrichten
- Kräuterblätter (z. B. Minze)

Für den Salat die Calamari-Tuben mit einem Längsschnitt öffnen, dann mit dem Messer im 45°-Winkel kreuzweise ein-, aber nicht durchschneiden. In 2–3 cm breite Streifen schneiden und 3 Minuten bei 100 °C dämpfen. Anschließend kalt abschrecken.

Den Staudensellerie entfädeln und in etwa 6–7 cm lange Streifen schneiden. Die Kirschtomaten halbieren. Die Schalotten abziehen und in feine Streifen schneiden. Die Frühlingszwiebel putzen und in Scheiben schneiden.

Alle Gemüse zusammen mit den gedämpften Calamari, den Kräutern und den Erdnüssen in eine Schüssel geben.

Für das Dressing den Palmzucker fein hacken oder reiben. Die Chilischote, falls verwendet, putzen, nach Wunsch entkernen und in feine Ringe schneiden. Den Knoblauch abziehen und fein reiben. Zucker, Chilischote und Knoblauch mit den restlichen Zutaten verrühren, bis sich der Zucker aufgelöst hat. Anschließend das Dressing zum Salat geben und gut untermischen.

Den Salat auf Tellern oder in Schalen anrichten und mit Kräuterblättern garnieren.

VIETNAMESISCHER SALAT MIT GEDÄMPFTEM HUHN UND GARNELEN

Für 4 Portionen
Zubereitungszeit: 30 Minuten
Im Dampfgarer/Bambuskorb: 10 Minuten bei 100 °C

Für den Salat mit gedämpftem Huhn und Garnelen

- 2 Scheiben Ingwer
- 5 cm Zitronengras
- 300 g Hühnerbrust ohne Haut
- 1 EL helle Sojasauce
- 12 mittelgroße Garnelenschwänze
- 2 Schalotten
- 1 mittelgroße Karotte
- 1 Stange Staudensellerie
- ½ Bio-Salatgurke
- 1 Chilischote (optional)
- 1 Handvoll gemischte Blätter von Minze, Koriander und Blattkoriander
- 2 ½ EL Zucker
- 2 EL Fischsauce
- 2 EL Limettensaft
- 2 EL weißer Reisessig

Zum Anrichten

- 4 EL geröstete Erdnusskerne
- Kräuterblätter

Den Ingwer und das Zitronengras fein schneiden. Die Hühnerbrust mit dem Ingwer, dem Zitronengras und der Sojasauce einreiben. Dann in einen Kunststoffbeutel geben, verschließen und 10 Minuten bei 100 °C im Dampfgarer dämpfen.

Die Garnelenschwänze ebenfalls für 3–4 Minuten dämpfen, danach kurz kalt abschrecken und schälen.

Die Schalotten abziehen, die Karotte schälen, und den Staudensellerie entfädeln. Die Schalotten, die Karotte, den Staudensellerie und die Gurke in feine Streifen schneiden. Die Chilischote, falls verwendet, putzen, nach Wunsch entkernen und fein hacken.

Das gedämpfte Huhn entlang der Fasern mit den Fingern zerteilen. Die Garnelen schälen. Das vorbereitete Gemüse, die zerkleinerten Hühnerbruststücke und Garnelen in eine große Schüssel geben. Die Kräuter grob mit den Händen zerpflücken und hinzufügen.

Für das Dressing den Zucker, die Fischsauce, den Limettensaft, den weißen Reisessig und 80 ml Wasser in einer kleinen Schüssel verrühren, bis der Zucker vollständig aufgelöst ist. Das Dressing über den Salat gießen und gut untermischen.

Den Salat auf Tellern oder in Schalen anrichten. Die Erdnüsse grob hacken und darüberstreuen. Mit Kräuterblättern garnieren.

TIPP: Für ein intensiveres Aroma kann die Hühnerbrust »sous vide« gedämpft werden. Dazu muss es aber vakuumiert werden.

SALAT MIT GEDÄMPFTER VIETNAMESISCHER WURST

Für 4 Portionen
Zubereitungszeit: 10 Minuten für den Salat plus die Zeit für die gedämpfte vietnamesische Wurst

Für den Salat mit gedämpfter vietnamesischer Wurst

- 400 g vietnamesische Wurst (siehe Seite 217)
- 70 g Staudensellerie
- 16 Kirschtomaten
- 4 Schalotten
- ½ Bio-Salatgurke
- 1 Frühlingszwiebel
- 5 süßsauer eingelegte Knoblauchzehen (Asia-Laden)
- 1 Handvoll gemischte frische Blätter von Koriander, Langer Koriander und Minze
- 2 EL Röstschalotten
- 2 EL Palmzucker
- rote Chilischote (optional)
- 4 EL Limettensaft
- 3 EL Fischsauce
- 2 EL Saft vom eingelegten Knoblauch
- 2 EL Sesamöl

Zum Anrichten

- Röstschalotten

Für den Wurstsalat die Wurst in dünne Scheiben schneiden, dann je nach Durchmesser vierteln oder halbieren. Den Staudensellerie entfädeln und in etwa 6–7 cm lange Streifen schneiden. Die Kirschtomaten halbieren. Die Schalotten abziehen und in feine Streifen schneiden. Die Gurke längs halbieren, danach in dünne Scheiben schneiden. Die Frühlingszwiebel in Scheiben schneiden. Den eingelegten Knoblauch fein hacken. Die Kräuter waschen, trockenschütteln, die Blätter abzupfen und grob schneiden oder zerpflücken.

Alle vorbereiteten Zutaten und die Röschalotten in eine Schüssel geben.

Für das Dressing den Palmzucker fein hacken oder reiben. Die Chilischote, falls verwendet, putzen, nach Wunsch entkernen und in feine Ringe schneiden. Beides mit den restlichen Zutaten verrühren, bis sich der Zucker aufgelöst hat. Anschließend das Dressing zum Salat geben und gut untermischen.

Den Salat auf Tellern oder in Schalen anrichten und mit Röstschalotten bestreuen.

CHINESISCHER BON BON CHICKEN SALAD

Für 4 Portionen
Zubereitungszeit: 50 Minuten
Im Dampfgarer/Bambuskorb: 15 Minuten bei 100 °C

Für den Bon Bon Chicken Salad
- 1 cm Ingwer
- 4 Hähnchenbrüste ohne Haut (à 160–180 g)
- Salz
- 1 Frühlingszwiebel
- 8 EL helle Sojasauce
- 4 EL schwarzer Reisessig
- 8 EL Hühnerfond aus der Auffangschale
- 2 EL geröstetes Sesamöl
- Chiliflocken (optional)
- ½ TL geschroteter Szechuanpfeffer
- 1 TL Zucker

Zum Anrichten
- dünne Gurkenscheiben
- einige frische Korianderblätter
- 1 EL geröstete weiße Sesamsaat

Für den Salat den Ingwer schälen und fein reiben. Die Hähnchenbrüste mit dem Ingwer einreiben und 30 Minuten einziehen lassen. Anschließend die Brüste leicht salzen und in einer Auffangschale im Dampfgarer 15 Minuten bei 100 °C garen.

Die Frühlingszwiebel in feine Scheiben schneiden und kurz in Eiswasser legen.

Die restlichen Zutaten in einer Schüssel zu einer Marinade verrühren und mit Salz abschmecken.

Vor dem Servieren die Hühnerbrüste mit den Händen entlang der Fasern zerteilen und die Marinade untermischen.

Servierschalen am Rand mit Gurkenscheiben auslegen. Den Hühnersalat auf die Schalen verteilen. Die abgetropften Frühlingszwiebeln, den Koriander und den Sesam darüberstreuen.

WAN-TAN-SUPPE

Für 4 Portionen
Zubereitungszeit: 20 Minuten
Im Dampfgarer/Bambuskorb: 5 Minuten bei 100 °C

Für die Suppeneinlage
½ Zwiebel
30 g Weißkohl
3–4 Wasserkastanien (Konserve)
½ EL getrocknete Wakame-Algen
150 g Hackfleisch vom Schwein
1 EL Reiswein
1 EL helle Sojasauce
2 EL Austernsauce
1 TL Zucker
1 EL Knoblauchöl
frisch gemahlener schwarzer Pfeffer
Salz
1 EL Maisstärkemehl
20 Wan-Tan-Teigblätter
2 kleine Pak Choi
80 g Mungbohnensprossen

Für die Suppe
800 ml Hühnerbrühe (siehe Seite 208)
2 EL helle Sojasauce
2 TL schwarze Sojasauce
Salz
frisch gemahlener weißer Pfeffer

Zum Anrichten
1 EL gerösteter Knoblauch in Öl

Für die Wan-Tan-Füllung die Zwiebel abziehen und fein schneiden. Den Weißkohl putzen und klein schneiden. Die Wasserkastanien in kleine Stücke schneiden. Die Wakame-Algen für einige Minuten in kaltem Wasser einweichen und dann ebenfalls klein hacken. Die vorbereiteten Zutaten mit dem Hackfleisch, den Würzzutaten und dem Maisstärkemehl gut verkneten.

Für die Teigtaschen die Wan-Tan-Teigblätter auslegen und die Ränder mit Wasser bestreichen. Etwas Füllung jeweils in die Mitte der Teigblätter geben, die Teigränder zu einem Dreieck zusammenfalten und die Ränder gut andrücken. Dann die beiden Ecken der langen Seite zusammenführen, um die typische Wan-Tan-Form zu erzielen. Den Pak Choi putzen und halbieren.

Die Wan-Tans für 5 Minuten bei 100 °C im Dampfgarer dämpfen. 2 Minuten vor Ende der Garzeit den Pak Choi hinzufügen. Die Mungbohnensprossen 30 Sekunden vor Ende der Garzeit dazugeben.

Für die Suppe die Brühe mit den Sojasaucen würzen und im Dampfgarer erhitzen. Mit Salz und Pfeffer abschmecken.

Die Wan-Tans auf Schalen verteilen und jeweils ½ Pak Choi sowie einige Mungbohnensprossen dazugeben. Mit der heißen Suppe auffüllen und etwas gerösteten Knoblauch in Öl darübergeben.

SÜSSKARTOFFELSUPPE MIT CURRY UND SAFRAN

Für 4 Portionen
Zubereitungszeit: 25 Minuten
Im Dampfgarer/Bambuskorb: 20 Minuten bei 100 °C

Für die Süßkartoffelsuppe
- 500 g Süßkartoffeln
- 1 mittelgroße Zwiebel
- 400 ml Hühner- oder Gemüsebrühe (siehe Seite 208)
- 1 EL mildes Madras-Currypulver
- ½ TL fein geriebener Ingwer
- Salz
- einige Safranfäden

Zum Anrichten
- 4 EL griechischer Joghurt (10 % Fettgehalt)
- einige Minzblätter

Die Süßkartoffeln schälen und in dünne Scheiben schneiden. Die Zwiebel abziehen und klein würfeln. Die Süßkartoffeln, die Zwiebel, die Brühe, das Currypulver und den Ingwer in einen Garbehälter geben. Mit Salz würzen und bei 100 °C 20 Minuten dämpfen.

Währenddessen die Safranfäden in etwas Wasser quellen lassen.

Wenn die Süßkartoffeln weich sind, die Suppe mit einem Stabmixer oder in einem Standmixer pürieren. Die aufgequollenen Safranfäden untermixen und die Suppe nach Bedarf mit Salz abschmecken.

Die Suppe in Teller oder Schalen füllen. Je 1 EL griechischer Joghurt darauf verteilen und mit einigen Minzblättern garnieren.

GARNELEN IN TOM-YUM-STYLE-GAZPACHO

Für 4 Portionen
Zubereitungszeit: 15 Minuten
Im Dampfgarer/Bambuskorb: 3–4 Minuten bei 80 °C; 1 Minute bei 100 °C

Für die Garnelen
16 mittelgroße Garnelenschwänze

Für die Tom-Yum-Style-Gazpacho
4 dünne Scheiben Galgant
10 cm Zitronengras
2 Tomaten
1–2 Schalotten
50 g Staudensellerie
100 g Salatgurke
1 milde rote Chilischote
500 ml Tomatensaft
1 EL gemahlener gerösteter Reis
2 EL Fischsauce
1 EL Nam-Prik-Pao-Chilipaste
Salz

Zum Anrichten
2 Blätter Kaffir-Limette
1 EL Chiliöl
essbare Blüten

Die Garnelenschwänze für 3–4 Minuten bei 80 °C dämpfen, dann kurz kalt abschrecken und schälen.

Für die Gazpacho den Galgant und das Zitronengras fein schneiden. Die Tomaten für 1 Minute bei 100 °C dämpfen, anschließend in kaltes Wasser legen und die Haut abziehen. Die Tomaten vierteln, den Stielansatz sowie die Kerne entfernen und das Fruchtfleisch in kleine Würfel schneiden.

Die Schalotten abziehen und zusammen mit dem entfädelten Staudensellerie sowie der entkernten Gurke in kleine Würfel schneiden. Die Chilischote putzen, nach Wunsch entkernen und in feine Ringe schneiden.

Ein Drittel dieser Gemüse zusammen mit dem Tomatensaft, dem gerösteten Reis, der Fischsauce und der Chilipaste in einen Standmixer geben und pürieren. Den Rest des Gemüses und mit dem pürierten Tomatensaft gut verrühren und kühl stellen. Mit Salz abschmecken.

Die harten Blattteile von den Limettenblätter abtrennen und den Rest in sehr feine Streifen schneiden. Die Gazpacho in Schalen oder auf Teller verteilen. Jeweils vier Garnelen sternförmig in der Mitte anrichten und mit Streifen der Limettenblätter bestreuen. Etwas Chiliöl darüberträufeln und mit essbaren Blüten dekorieren.

GARNELEN-KOKOSSUPPE

Für 4 Portionen
Zubereitungszeit: 15 Minuten
Im Dampfgarer/Bambuskorb: 13 Minuten bei 100 °C

Für die Garnelen-Kokossuppe
- 2 Stängel Zitronengras
- 5 cm Galgant
- 1 mittelgroße Zwiebel
- 150 g Pilze nach Wahl (z. B. Champignons)
- 2 getrocknete Chilischoten (optional)
- 1 EL Pflanzenöl zum Anrösten der getrockneten Chilischoten
- 600 ml Kokosmilch
- 8 Blätter Kaffir-Limette
- 4 EL Fischsauce
- 1 EL Nam-Prik-Pao-Chilipaste
- 12 mittelgroße Garnelen, gesäubert (mit oder ohne Schale nach Wahl)
- 12 Kirschtomaten
- 2 EL Limettensaft

Zum Anrichten
- frische Korianderblätter (wenn verfügbar, Korianderwurzel ebenfalls in die Suppe geben)

Das Zitronengras schräg in 2–3 cm lange Stücke schneiden. Den Galgant in dünne Scheiben schneiden. Die Zwiebel abziehen und in Streifen schneiden. Die Pilze in mundgerechte Stücke schneiden. Die getrockneten Chilischoten, falls verwendet, in etwas Öl kurz rösten.

Die Kokosmilch zusammen mit den Limettenblättern, dem Galgant, dem Zitronengras, nach Wunsch den gerösteten Chilischoten und der Zwiebel in einen Garbehälter geben und 10 Minuten bei 100 °C dämpfen. Anschließend mit Fischsauce und Chilipaste würzen.

Die Garnelen, die Tomaten und die Pilze hinzufügen und weitere 3–4 Minuten dämpfen. Zum Schluss die Suppe mit Limettensaft abschmecken und bei Bedarf mehr Fischsauce hinzufügen. Die Suppe sollte einen ausgeglichenen salzig-sauren Geschmack mit einer leichten Schärfe haben.

Die Suppe auf Schalen verteilen und je 3 Garnelen hineinstecken. Mit Korianderblättern garnieren.

TIPP: Das Öl von den gerösteten Chilischoten kann noch auf die Suppe geträufelt werden.

MEATBALL-NUDELSUPPE

Zubereitungszeit: 30 Minuten plus 1 Stunde Ruhezeit
Im Dampfgarer/Bambuskorb: 5 Minuten bei 100 °C

Für die Meatballs
- 2–3 Knoblauchzehen
- 300 g gut durchwachsenes Hackfleisch vom Schwein
- 1 EL Zucker
- 1 ½ EL Tapiokastärke
- ½ TL Kaisernatron
- 2 EL helle Sojasauce
- ½ TL Salz
- ¼ TL frisch gemahlener weißer Pfeffer
- 100 ml Eiswasser oder Crushed Ice
- neutrales Pflanzenöl für den Garbehälter

Für die Suppe
- 200 g Reisnudeln
- 1,2 l Hühnerbrühe (siehe Seite 208)
- 2 EL helle Sojasauce
- 2 EL Fischsauce
- Salz
- frisch gemahlener schwarzer Pfeffer
- 120 g Zuckererbsenschoten
- 50 g Mungbohnensprossen

Zum Anrichten
- 1 EL gerösteter Knoblauch in Öl
- 2 EL Röstschalotten
- 1 Frühlingszwiebelringe

Für die Meatballs den Knoblauch abziehen und klein schneiden. Den Knoblauch mit dem Hackfleisch und den übrigen Zutaten (außer dem Eiswasser bzw. dem Crushed Ice sowie dem Öl) vermengen. Die Masse gut gekühlt in einem Standmixer ganz fein pürieren und dabei nach und nach das Eiswasser oder kleine Eiswürfel zugeben, um die Temperatur sehr kalt zu halten. Die Masse für 1 Stunde gut kühlen.

Mit einem feuchten Löffel kleine Bällchen aus der gekühlten Masse formen und auf einen mit Öl bestrichenen gelochten Garbehälter legen. Bei 100 °C 4–5 Minuten dämpfen. Wenn die Meatballs nicht sofort verwendet werden, kurz mit kaltem Wasser abschrecken.

Für die Suppe die Reisnudeln für 15 Minuten in Wasser einlegen und anschließend gut abspülen, um die Suppe klar zu halten. Die Hühnerbrühe mit heller Sojasauce und Fischsauce würzen und mit Salz und Pfeffer abschmecken. Dann im Dampfgarer abgedeckt erhitzen. Die Reisnudeln und Zuckererbsenschoten zugeben und noch 1 Minute dämpfen. Zuletzt die Mungbohnensprossen kurz in die kochende Suppe geben.

Die Suppe in Schalen anrichten. Die Meatballs zugeben. Mit Röstschalotten, geröstetem Knoblauch sowie Frühlingszwiebelringen garnieren.

TIPP: Sie können die Meatballs anstatt mit Schweinefleisch auch mit Hackfleisch vom Huhn, Rind oder Fisch zubereiten.

RAMEN MIT LACHSSPIESSCHEN UND UDON-NUDELN

Für 4 Portionen
Zubereitungszeit: 15 Minuten
Im Dampfgarer/Bambuskorb: 5 Minuten bei 100 °C; 2–3 Minuten bei 80 °C

Für die Suppe
1,2 l ungesalzene Hühnerbrühe
20 g Instant-Dashi-Pulver
1 EL helle Miso-Paste
4 EL Mirin
1 ½ EL Sojasauce (z. B. Kikkoman)
Stiele von Pilzen (optional)
Salz
frisch gemahlener weißer Pfeffer
320 g getrocknete Nudeln (alternativ 4 Portionen vorgegarte Udon-Nudeln in Portionspäckchen, siehe Tipp)
einige Blätter Pak Choi
100 g Schlangenbohnen
4 Shiitake-Pilze
100 g Seidentofu
4 Eier
12 kleine Lachsspießchen à 30 g

Zum Anrichten
einige Enoki-Pilze
einige feine Nori-Streifen

Für die Suppe die Hühnerbrühe mit dem Dashi-Pulver, der Miso-Paste, dem Mirin, der Sojasauce, nach Wunsch den Pilzstielen, etwas Salz und Pfeffer mischen und abgedeckt 5 Minuten bei 100 °C dämpfen. Danach die Brühe durch ein Sieb abseihen.

Getrocknete Udon-Nudeln in der Suppe abgedeckt 5 Minuten bei 100 °C dämpfen. Nach 3 Minuten den Pak Choi, die Schlangenbohnen, die Shiitake-Pilze und den Tofu zugeben und mitdämpfen.

Die Eier 8 Minuten bei 100 °C im Dampfgarer weich garen. Die Lachsspießchen 3 Minuten bei 80 °C dämpfen.

Die Suppe mit den Nudeln und Gemüsen in Schalen anrichten. Die Eier schälen, halbieren und darauflegen. Die Enoki-Pilze zugeben und mit Nori-Streifen bestreuen.

TIPP: Sollten vorgegarte Nudeln in Portionspäckchen verwendet werden, werden sie zusammen mit dem Pak Choi, den Schlangenbohnen, den Shiitake-Pilze und dem Tofu 2 Minuten bei 100 °C erhitzt.

GEM
& To

ÜSE FU

GEDÄMPFTE OKRA MIT SAMBAL

Für 4 Portionen
Zubereitungszeit: 15 Minuten
Im Dampfgarer/Bambuskorb: 4 Minuten bei 100 °C

Für die gedämpften Okra mit Sambal

400 g Okra
1 EL getrocknete Garnelen
4–5 Knoblauchzehen
4 Schalotten
2 EL neutrales Pflanzenöl
3 EL Sambal Oelek
2 EL schwarze Sojasauce
2 EL helle Sojasauce
1 EL Palmzucker
2 TL Limettensaft
Salz

Zum Anrichten

1 EL Röstschalotten
1 EL Frühlingszwiebelscheiben

Die Okra putzen und 4 Minuten bei 100 °C dämpfen.

Für das Sambal die getrockneten Garnelen in einer Gewürzmühle mahlen. Den Knoblauch und die Schalotten abziehen und in feine Streifen schneiden. Das Öl in einer Pfanne erhitzen und den Knoblauch und die Schalotten darin anbraten. Dann die Garnelen zugeben und kurz weiter rösten.

Anschließend die restlichen Zutaten unterrühren.

Die heißen Okra auf einer Platte anrichten und das Sambal darüberlöffeln. Mit Röstschalotten und Frühlingszwiebeln bestreuen.

Yeo's
麻油
純正
Sesam Öl
Sesamolie

GEDÄMPFTER PAK CHOI MIT INGWER

Für 4 Portionen
Zubereitungszeit: 15 Minuten
Im Dampfgarer/Bambuskorb: 5 Minuten bei 100 °C

Für den gedämpften Pak Choi mit Ingwer

4 Pak Choi
5 Knoblauchzehen
2 cm frischer Ingwer
4 EL geröstetes Sesamöl
2 EL helle Sojasauce
frisch geschroteter schwarzer Pfeffer

Zum Anrichten

1 TL Chilisauce (optional)
grobes Meersalz

Die Pak Choi längs halbieren und waschen. Die Pak-Choi-Hälften in einen gelochten Garbehälter legen und 5 Minuten bei 100 °C im Dampfgarer garen.

Die Knoblauchzehen abziehen und in feine Scheiben schneiden. Den Ingwer schälen und in feine Streifen schneiden.

Das Sesamöl in einem Topf erhitzen und den Knoblauch sowie den Ingwer darin rösten, bis sie beginnen, Farbe anzunehmen. Die Sojasauce und den geschroteten Pfeffer unterrühren.

Den noch heißen Pak Choi auf Teller verteilen. Das Knoblauch-Ingwer-Topping darüberträufeln. Zusätzlich nach Wunsch mit Chilisauce beträufeln und einige Meersalzkristalle darüberstreuen.

GEDÄMPFTER GRÜNER SPARGEL

Für 4 Portionen
Zubereitungszeit: 15 Minuten
Im Dampfgarer/Bambuskorb: 3 Minuten bei 100 °C

Für den gedämpften grünen Spargel
- 500 g grüner Spargel
- 1–2 große, milde, getrocknete Chilischoten
- 3 Knoblauchzehen
- 20 g Ingwer
- 1 Frühlingszwiebel
- 2 EL neutrales Pflanzenöl
- 1 EL weißer Zucker
- 1 EL schwarzer Reisessig
- 3 EL helle Sojasauce
- Salz
- 2 TL Maisstärke
- 2 TL geröstete weiße Sesamsaat

Zum Anrichten
- frisch geschroteter schwarzer Pfeffer

Den Spargel schälen, gegebenenfalls holzige Anteile entfernen und die Stangen in einem gelochten Garbehälter bei 100 °C 3 Minuten dämpfen.

Für die Sauce die Chilischoten einige Minuten in warmem Wasser einweichen und anschließend in Röllchen schneiden, nach Wunsch die Kerne entfernen. Die Knoblauchzehen abziehen und in feine Scheiben schneiden. Den Ingwer in feine Streifen schneiden. Die Frühlingszwiebel putzen und in Scheiben schneiden.

Das Öl in einer Pfanne erhitzen und bei mittlerer Temperatur den Knoblauch und Ingwer darin rösten, bis sie Farbe annehmen. Den Zucker zugeben, mit dem Reisessig ablöschen und mit 200 ml Wasser auffüllen. Die Chilischoten, die Frühlingszwiebel und die Sojasauce zugeben und nach Geschmack mit Salz abschmecken. Die Stärke in 1–2 EL Wasser glatt rühren und unter ständigem Rühren in die Sauce einmischen. Zum Schluss die Sesamsaat unterrühren.

Den gedämpften, noch warmen Spargel auf Tellern anrichten und die Sauce darüber verteilen. Den geschroteten Pfeffer darüberstreuen.

GEDÄMPFTES GEMÜSE AUF SOBA-NUDELN

Für 4 Portionen
Zubereitungszeit: 20 Minuten plus 30 Minuten Ruhezeit
Im Dampfgarer/Bambuskorb: 10 Minuten bei 100 °C

Für das gedämpfte Gemüse auf Soba-Nudeln
10 g Instant-Dashi-Pulver
2 EL schwarze Sojasauce
5 EL Sojasauce (z. B. Kikkoman)
4 EL Sake
4 EL Mirin
200 g Kürbis
100 g Lauch
2 Frühlingszwiebeln
120 g Seidentofu
12 Zuckererbsenschoten
100 g Shimeji-Pilze (Buchenrasling)
320 g getrocknete Soba-Nudeln
Salz

Zum Anrichten
einige feine Streifen Nori-Algen

Für die Brühe 400 ml heißes Wasser mit dem Dashi-Pulver, beiden Sojasaucen, dem Sake und dem Mirin verrühren.

Für die Einlage das Gemüse putzen. Den Kürbis in Würfel, den Lauch schräg in 1 cm breite Scheiben schneiden. Die Frühlingszwiebeln putzen und in etwa 6 cm lange Stücke schneiden. Den Seidentofu in Scheiben schneiden.

Den Kürbis in der Brühe bei 100 °C 10 Minuten dämpfen. 2 Minuten vor Ende der Garzeit die restlichen Gemüsesorten, den Tofu und die Pilze zugeben.

Nach Ende der Garzeit das Gemüse in der Brühe abkühlen lassen.

Die Soba-Nudeln in gesalzenem Wasser 4–5 Minuten kochen, abseihen und kalt abspülen.

Die Soba-Nudeln auf Schalen aufteilen. Das Gemüse, den Tofu und die Pilze darauf anrichten.

Etwas Brühe darübergießen und mit Nori-Streifen toppen.

GEDÄMPFTE AUBERGINEN

Für 4 Portionen
Zubereitungszeit: 15 Minuten
Im Dampfgarer/Bambuskorb: 10 Minuten bei 100 °C

Für die gedämpften Auberginen
2 Auberginen
3–4 Knoblauchzehen
1 Frühlingszwiebel
1 TL fein geriebener Ingwer
1 EL geröstete weiße Sesamsaat
2 EL Sesamöl
4 EL helle Sojasauce
1 EL Zitronensaft
½ TL Zucker
1 TL Gochugaru-Chili
Salz

Zum Anrichten
frische Sprossen
essbare Blüten

Die Auberginen zunächst quer, dann längs halbieren und in Spalten schneiden. Die Auberginenspalten in einem gelochten Garbehälter 10 Minuten bei 100 °C dämpfen.

Die Knoblauchzehen abziehen und fein hacken. Die Frühlingszwiebel putzen und in feine Ringe schneiden. Beides zusammen mit den restlichen Zutaten zu einer Marinade verrühren und mit Salz abschmecken. Die gedämpften Auberginen in der Marinade wenden.

Die Auberginen auf Tellern anrichten und mit Sprossen und Blüten garnieren.

TIPP: Die Auberginen können sowohl warm als auch kalt serviert werden.

GEDÄMPFTE EIER IN SOJA-SESAM-FOND

Für 2 Schalen
Zubereitungszeit: 30 Minuten
Im Dampfgarer: 15 Minuten bei 85 °C

Für die Eier

ca. 5 cm Ingwer für 2 TL Ingwersaft
4 Eier (à ca. 50 g)
250 ml ungesalzene Gemüse- oder Hühnerbrühe (siehe Seite 208)
2 EL helle Sojasauce
½ TL fermentierte Sojabohnenpaste

Zum Anrichten

1 EL helle Sojasauce
1 EL Sesamöl
1 TL Chiliöl
2 EL fein geschnittene Frühlingszwiebeln
schwarze Sesamsaat
essbare Blüten (optional)

Den Ingwer schälen, fein reiben und mit etwas Wasser versetzen. Dann durch ein Haarsieb auspressen. Es werden 2 TL Ingwersaft benötigt.

Die Eier in eine Schüssel aufschlagen und mit einem Schneebesen gründlich verquirlen. Den Ingwersaft und die restlichen Zutaten gut unterrühren. Dann die Eimischung durch ein Haarsieb streichen und 2 cm hoch in 2 Schalen einfüllen. Die Eimischung bei 85 °C 15 Minuten dämpfen.

Die gedämpften Eier zum Servieren mit heller Sojasauce, Sesamöl und Chiliöl beträufeln. Mit Frühlingszwiebeln und Sesamsaat bestreuen und nach Wunsch mit einer essbaren Blüte garnieren.

INDISCHES DAL

»Dal« sind Linsen. Sie können verschiedene Arten von Linsen verwenden. Bei Verwendung roter Linsen müssen diese nicht vorab in Wasser eingelegt werden.

Für 4 Portionen
Zubereitungszeit: 45 Minuten sowie Einweichzeit der Linsen
Im Dampfgarer/Bambuskorb: 30 Minuten bei 100 °C

Für das Dal

- 250 g Toor-Linsen (oder andere Linsen)
- 3–4 Knoblauchzehen
- 1 EL fein geschnittener Ingwer
- 1 mittelgroße Zwiebel
- 1 kleine grüne Chilischote
- 2 Stängel frischer Koriander
- 2 EL neutrales Pflanzenöl oder Butterschmalz
- 1 TL Senfsaat
- ½ TL Fenchelsamen
- 1 TL Kreuzkümmelsamen oder 1 TL gemahlener Kreuzkümmel
- 1 TL gemahlene Kurkuma
- ½ TL Garam Masala
- 150 g gewürfelte Tomaten (Konserve)
- 1 TL getrocknete Bockshornkleeblätter (alternativ ein Lorbeerblatt)
- Salz
- Chiliflocken oder Chilipulver

Zum Anrichten

- geröstete, getrocknete rote Chilischoten

Die Linsen gut waschen und mindestens 1 Stunde in warmem Wasser einweichen (alternativ z. B. 20 Minuten für gelbe Linsen). Den Knoblauch abziehen.

Die eingeweichten Linsen abseihen und zusammen mit den Knoblauchzehen, dem Ingwer und 500 ml Wasser in einen Garbehälter geben. Bei 100 °C 20 Minuten (rote Linsen nur 10 Minuten) dämpfen.

Die Zwiebel abziehen und fein würfeln. Die Chilischote putzen, nach Wunsch entkernen und klein schneiden. Den Koriander waschen, trockenschütteln, die Blätter abzupfen und fein hacken.

Das Öl in einem Kochtopf erhitzen und die Senfsaat, die Fenchelsamen und die Kreuzkümmelsamen darin bei mittlerer Temperatur 1–2 Minuten rösten. Dann die Zwiebel, die Chilischote und die gemahlenen Gewürze hinzufügen und weiter rösten, bis die Zwiebel glasig ist.

Anschließend die Tomatenwürfel, die Bockshornkleeblätter bzw. das Lorbeerblatt, den gehackten Koriander und 1 ½ TL Salz zugeben und gut umrühren. Diese Mischung zu den Linsen geben, gegebenenfalls noch etwas Wasser hinzufügen und weitere 10–15 Minuten dämpfen, bis die Linsen zu einer fast püreeartigen Konsistenz zerfallen. Mit Salz und nach Bedarf mit Chiliflocken oder Chilipulver abschmecken.

Das Dal in Schalen füllen und mit je 1 Chilischote garnieren.

INDISCHES GEMÜSECURRY

Für 4 Portionen
Zubereitungszeit: 45 Minuten
Im Dampfgarer/Bambuskorb: 25 Minuten bei 100 °C

Für das indische Gemüsecurry
- 5 Gewürznelken
- ½ TL Kreuzkümmelsamen
- ½ TL Koriandersamen
- 5 grüne Kardamomkapseln
- ¼ TL Fenchelsamen
- 1 kleine Zimtrinde
- 2 mittelgroße Zwiebeln
- 3–4 Knoblauchzehen
- 2 EL neutrales Pflanzenöl
- 1 TL fein geriebener Ingwer
- ½ TL Garam Masala
- ½ TL gemahlene Kurkuma
- 2 EL griechischer Joghurt (10 % Fettgehalt)
- 100 g gewürfelte Tomaten (Konserve)
- 1 TL Salz
- 150 g Kartoffeln, geschält und in mundgerechte Stücke geschnitten
- 350 g gemischtes Gemüse (z. B. Blumenkohl, Karotten, Zuckererbsen, Kürbis, Zucchini), geputzt und geschnitten
- 150 g Kichererbsen (Konserve), abgespült
- 2 EL rote Linsen, gewaschen
- 1–2 kleine grüne Chilischoten (optional), klein geschnitten

Zum Anrichten
- griechischer Joghurt (10 % Fettgehalt)
- Korianderblätter

Für die Currysauce die Gewürznelken, die Kreuzkümmelsamen, die Koriandersamen, die Kardamomkapseln, die Fenchelsamen und die Zimtrinde in einer Pfanne ohne Fettzugabe anrösten, bis sich die Aromen entfalten. Anschließend in einer Gewürzmühle mahlen oder im Mörser zerstoßen.

Die Zwiebeln und Knoblauchzehen abziehen. Die Zwiebeln klein würfeln und den Knoblauch fein hacken.

Das Öl in einem großen Kochtopf erhitzen und die Zwiebeln, den Knoblauch sowie den Ingwer darin rösten, bis sie beginnen, Farbe anzunehmen. Dann das Garam Masala, das Kurkumapulver, die bereits hergestellte Gewürzmischung und den Joghurt unterrühren. 100 ml Wasser sowie die gewürfelten Tomaten aufgießen und das Salz einrühren.

Für die Einlage die harten Gemüsesorten wie Kartoffeln und Karotten in einen Garbehälter geben und die Sauce darüber verteilen. Bei 100 °C 10 Minuten dämpfen.

Dann die Kichererbsen, die roten Linsen und die weicheren Gemüsesorten wie Zucchini, Kürbis und nach Wunsch die Chilischote hinzufügen und weitere 15 Minuten dämpfen.

Zuckererbsen erst kurz vor dem Ende der Garzeit hinzufügen, nochmals gut umrühren und mit Salz abschmecken.

Das Gemüsecurry in Schalen füllen, mit einem Klecks Joghurt garnieren und mit frischen Korianderblättern bestreuen.

INDONESISCHES KÜRBISCURRY

Für 4 Portionen
Zubereitungszeit: 35 Minuten
Im Dampfgarer/Bambuskorb: 20 Minuten bei 100 °C

Für die Currypaste
- 1 TL Kreuzkümmelsamen
- 1 TL Koriandersamen
- 1 TL Fenchelsamen
- 10 weiße Pfefferkörner
- 3 Kardamomkapseln
- 2 Schalotten
- 3–4 Knoblauchzehen
- 2 cm Ingwer
- 2 cm Galgant
- 1 Stängel Zitronengras
- 2–3 getrocknete große, rote Chilischoten
- 2 TL gemahlene Kurkuma
- ¼ TL gemahlene Gewürznelken

Für das Curry
- 2 EL neutrales Pflanzenöl
- 1 Stück Zimtrinde
- 2 mittelgroße Zwiebeln, in Spalten geschnitten
- 1 EL Palmzucker
- 600 ml Kokoscreme
- 4 EL helle Sojasauce
- 1 EL Kecap Manis (oder schwarze Thai-Sojasauce)
- 70 g geröstete Erdnusskerne
- 800 g Kürbis (Hokkaido, Butternut oder Crown Prince), geputzt und in mundgerechte Stücke geschnitten
- Salz

Zum Anrichten
- Sprossen
- essbare Blüten

Für die Currypaste die ganzen Gewürze (Kreuzkümmelsamen, Koriandersamen, Fenchelsamen, weiße Pfefferkörner, Kardamomkapseln) in einer Pfanne ohne Fettzugabe rösten, bis sich die Aromen entfalten. Anschließend in einer Gewürzmühle mahlen oder im Mörser zerstoßen.

Die Schalotten und den Knoblauch abziehen und zusammen mit dem Ingwer, dem Galgant und dem Zitronengras fein schneiden. Die getrockneten Chilischoten 5 Minuten in warmem Wasser einlegen, abtropfen lassen, nach Wunsch entkernen und fein schneiden. Die vorbereitete Gewürzmischung, die geschnittenen Zutaten zusammen mit der Kurkuma und der Gewürznelke zu einer feinen Currypaste pürieren oder mörsern.

Für das Curry das Öl in einem Kochtopf erhitzen. Die Currypaste zusammen mit der Zimtrinde im Öl rösten, bis sich die Aromen entfalten. Die Zwiebeln und den Palmzucker hinzufügen und kurz weiter rösten. Mit der Kokoscreme auffüllen und die Würzsaucen sowie die Erdnusskerne einrühren.

Die Kürbisstücke in einen Garbehälter geben, die Sauce darüber verteilen und bei 100 °C 20 Minuten dämpfen. Nach dem Dämpfen gut durchrühren und mit Salz abschmecken.

Das fertige Curry in Schalen füllen und mit Sprossen sowie essbaren Blüten garnieren.

SEIDENTOFU MIT GOCHUJANG AUF ZUCKERERBSENSCHOTEN

Für 4 Portionen
Zubereitungszeit: 15 Minuten
Im Dampfgarer/Bambuskorb: 4 Minuten bei 100 °C

Für den Seidentofu auf Zuckererbsenschoten
500 g Seidentofu
200 g Zuckererbsenschoten
100 g Mungbohnensprossen

Für die Sauce
2 Frühlingszwiebeln
2–3 Knoblauchzehen
4 EL helle Sojasauce
4 EL Sesamöl
2 EL chinesischer Reiswein
2 TL Gochujang (Chili-Paste)
2 TL fermentierte Sojabohnenpaste
2 TL fein geriebener Ingwer
1 EL Zucker
2 EL Zitronensaft

Zum Anrichten
schwarze Sesamsaat

Den Seidentofu abtropfen lassen und vorsichtig auf einen flachen Teller stürzen. Mit Küchenpapier trockentupfen. Die Zuckererbsenschoten säubern, die Fäden ziehen und nach Belieben schräg halbieren. Die vorbereiteten Zuckererbsenschoten auf Tellern anordnen.

Den Tofu in 12 etwa 1 cm breite Scheiben schneiden und jeweils 3 Scheiben auf die Zuckererbsenschoten legen. Die Teller mit Frischhaltefolie abdecken und bei 100 °C 3 Minuten dämpfen.

Für die Sauce die Frühlingszwiebeln putzen und in feine Ringe schneiden. Den Knoblauch abziehen und fein hacken. Den Knoblauch zusammen mit den restlichen Zutaten in einer Schüssel zu einer Sauce verrühren. 2 EL Wasser und die Hälfte der geschnittenen Frühlingszwiebeln hinzufügen und vermischen.

Die Frischhaltefolie von den Tellern entfernen, die vorbereitete Sauce darübergießen und die Mungbohnensprossen darauf verteilen. Den Tofu erneut abdecken und weitere 30 Sekunden dämpfen.

Die restlichen Frühlingszwiebelscheiben über den gedämpften Tofu geben und mit der Sesamsaat bestreuen.

SEIDENTOFU MIT PAK CHOI UND PILZEN

Für 4 Portionen
Zubereitungszeit: 15 Minuten
Im Dampfgarer/Bambuskorb: 5 Minuten bei 100 °C

Für den Seidentofu mit Pak Choi und Pilzen

- 500 g Seidentofu
- 12 Pak-Choi-Blätter mit Stielen
- 200 g Pilze nach Wahl (z. B. Kräuterseitlinge)
- 2 Frühlingszwiebeln
- 4 EL helle Sojasauce
- 4 EL Hoisin-Sauce
- 4 EL schwarzer Reisessig
- 2 TL Zucker
- 4 EL Knoblauchöl
- 2 EL Chiliöl

Zum Anrichten

- 2 EL Röstschalotten

Den Seidentofu abtropfen lassen und vorsichtig auf einen flachen Teller stürzen. Den Tofu in vier gleich große Stücke teilen und mit Küchenpapier trockentupfen. Die Pak-Choi-Stiele in feine Streifen schneiden, die Blätter ganz lassen. Die Pilze putzen und in mundgerechte Stücke schneiden.

Auf jedem Teller drei Pak-Choi-Blätter auslegen, ein Stück Tofu darauf platzieren, die geschnittenen Stiele des Pak Choi darüber verteilen und die Pilze darauflegen. Die Teller mit Frischhaltefolie abdecken und im Dampfgarer bei 100 °C 5 Minuten dämpfen.

Für die Sauce inzwischen die Frühlingszwiebeln putzen und in feine Ringe schneiden. Die restlichen Zutaten in einer Schüssel miteinander verrühren und die geschnittenen Frühlingszwiebeln unterheben.

Nach dem Dämpfen die Frischhaltefolie von den Tellern entfernen und den Tofu sowie das Gemüse mit der vorbereiteten Sauce übergießen.

Den Tofu mit Röstschalotten bestreuen und sofort servieren.

FISC MEE FRÜ

H &
RES-
CHTE

MALAYSISCHER FISCH-CUSTARD

Für 4 Portionen
Zubereitungszeit: 40 Minuten
Im Dampfgarer/Bambuskorb: 20 Minuten bei 100 °C

Für den Malaysischen Fisch-Custard
4 Schalotten
4 Knoblauchzehen
3 milde rote Chilischoten
2 cm Galgant
1 Stängel Zitronengras
1 TL gemahlene Kurkuma
1 Bananenblatt
4–5 Blätter Kaffir-Limette
2 Eier
200 ml Kokosmilch
1 EL Reismehl
Salz
24 Cha-Phlu-Blätter
4 Fischmedaillons (à 100 g)

Zum Anrichten
gedämpfter Reis

Für die Currypaste die Schalotten und den Knoblauch abziehen. Die Chilischoten putzen und nach Wunsch entkernen. Die Schalotten, den Knoblauch, die Chilischoten, den Galgant und das Zitronengras fein schneiden und gemeinsam mit der Kurkuma im Mörser zu einer Currypaste verarbeiten.

Das Bananenblatt in 8 Quadrate mit jeweils etwa 15 cm Kantenlänge schneiden. Die Quadrate auf eine Herdplatte legen, bis sie zu glänzen beginnen. Dann wenden und mit der zweiten Seite ebenso verfahren. Jeweils zwei Quadrate aufeinanderlegen und ein quadratisches Schälchen daraus falten. Die Enden mit Zahnstochern fixieren.

Die harten Blattstiele der Limettenblätter entfernen und den Rest in sehr feine Streifen schneiden. Die Eier in eine Schüssel aufschlagen und mit dem Schneebesen verrühren. Dann die Kokosmilch, das Reismehl, die Hälfte der Limettenblätter und die Currypaste unterrühren. Mit Salz abschmecken.

In die Bananenblatt-Schälchen jeweils drei Cha-Phlu-Blätter legen, den Fisch darauf platzieren.

Anschließend die Hälfte des Custard-Mix auf die vier Bananenblatt-Schälchen verteilen, die restlichen Cha-Phlu-Blätter darauflegen. Abschließend den restlichen Custard-Mix auf die Schälchen verteilen und die restlichen Limettenblätter darüberstreuen.

In einen gelochten Einsatz geben und bei 100 °C 20 Minuten dämpfen.

Noch heiß mit gedämpftem Reis als Beilage servieren.

TIPP: Der Fisch-Custard benötigt 100 °C, da bei niedriger Temperatur das Reismehl nicht bindet.

INDISCHES KOKOS-FISCHCURRY

Für 4 Portionen
Zubereitungszeit: 30 Minuten
Im Dampfgarer: 15 Minuten bei 80 °C
Im Bambuskorb: 12 Minuten bei 100 °C

Für das indische Kokos-Fischcurry
3 Schalotten
3–4 Knoblauchzehen
3 cm Ingwer
1 getrocknete rote Chilischote
1 TL Fenchelsamen
1 TL Senfsaat
2 TL Koriandersamen
3 grüne Kardamomkapseln
2 TL gemahlene Kurkuma
nach Geschmack Chilipulver
½ TL Salz
600 g feste Fischfilets (z. B. Seeteufel)
2 mittlere Zwiebeln
2 EL neutrales Pflanzenöl
200 g gewürfelte Tomaten (Konserve)
600 ml Kokosmilch
1 EL Tamarindenpaste
einige Curryblätter
Salz

Zum Anrichten
Korianderblätter
rote Chilischote
Basmatireis

Für die Currypaste die Schalotten und die Knoblauchzehen abziehen und würfeln. Den Ingwer fein schneiden. Die Chilischote nach Wunsch entkernen und etwas zerkleinern.

Die Fenchel-, Senf- und Koriandersamen sowie die Kardamomkapseln in einer Pfanne ohne Fettzugabe anrösten, bis sich die Aromen entfalten.

Die Schalotten, die Knoblauchzehen, den Ingwer, die Chilischote und die gerösteten Gewürze zusammen mit der Kurkuma, dem Chilipulver und dem Salz zu einer feinen Currypaste pürieren oder mörsern.

Die Fischfilets in 3 cm große Würfel schneiden. Die Zwiebeln abziehen und in 1 cm große Würfel schneiden.

Das Öl in einer Pfanne erhitzen und die Currypaste darin bei mittlerer Temperatur rösten, bis sich die Aromen entfalten. Die Zwiebeln zugeben und weiter rösten, bis die Zwiebeln glasig sind. Die Tomatenwürfel unterrühren und mit der Kokosmilch aufgießen. Die Tamarindenpaste unterrühren, die Curryblätter zugeben und mit Salz abschmecken. Die Sauce und die Fischstücke in einen Garbehälter füllen und im Dampfgarer 15 Minuten bei 80 °C dämpfen. Wenn in einem Bambuskorb bei 100 °C gedämpft wird, verringert sich die Garzeit um 3–4 Minuten.

Den Fisch auf Schalen verteilen und mit Korianderblättern und Chiliringen garnieren. Dazu Basmatireis servieren.

IM BANANENBLATT GEDÄMPFTE FISCHMEDAILLON

Für 4 Portionen
Zubereitungszeit: 30 Minuten
Im Dampfgarer: 10–12 Minuten bei 80 °C
Im Bambuskorb: 6–8 Minuten bei 100 °C

Für die im Bananenblatt gedämpften Fischmedaillons

- 1 ½ TL Koriandersamen
- 1 TL Kreuzkümmelsamen
- 2–3 Schalotten
- 2 Knoblauchzehen
- 1 Stängel Zitronengras
- 2 Blätter Kaffir-Limette
- 1 Finger vom Fingeringwer
- 2 cm Galgant (alternativ Ingwer)
- 4 EL Kecap Manis (alternativ Sojasauce)
- 2 TL Sambal Oelek
- Salz
- 8 Quadrate aus Bananenblatt (20 x 20 cm)
- 4 Fischmedaillons (z. B. Lachs; à 150–180 g)

Für die Marinade die Koriander- und Kreuzkümmelsamen in einer Pfanne ohne Fettzugabe rösten, bis sich die Aromen entfalten. Anschließend im Mörser zerstoßen. Die Schalotten und die Knoblauchzehen abziehen und fein schneiden. Das Zitronengras putzen, die harten Stiele der Kaffir-Limettenblätter entfernen. Dann beides zusammen mit dem Fingeringwer und dem Galgant fein schneiden. Die geschnittenen Zutaten zusammen mit den gemörserten Gewürzen in eine Schüssel geben und mit dem Kecap Manis und dem Sambal Oelek verrühren. Die Marinade mit Salz abschmecken.

Die Bananenblätter auf eine Herdplatte legen, bis diese zu glänzen beginnen. Wenden und mit der anderen Seite gleich verfahren. Jeweils zwei Bananenblätter aufeinanderlegen. Die Fischmedaillons rundherum mit der Marinade bestreichen und in die Mitte der Bananenblätter legen.

Die Bananenblätter zu Päckchen über die Fischmedaillons schlagen und die Enden mit Zahnstochern fixieren.

Im Dampfgarer bei 80 °C, je nach Dicke des Fisches, 10–12 Minuten dämpfen. Beim Dämpfen in einem Bambuskorb bei 100 °C verringert sich die Garzeit um 3–4 Minuten.

Die Zahnstocher entfernen und die Bananenblätter öffnen.

TIPP: Lachs ist durch seinen individuellen Eigengeschmack sehr gut für Gerichte mit kräftigen Würzzutaten geeignet.

GEDÄMPFTE GARNELEN

Für 4 Portionen
Zubereitungszeit: 15 Minuten
Im Dampfgarer/Bambuskorb: 5 Minuten bei 80 °C
Im Bambuskorb: 3 Minuten bei 100 °C

Für die gedämpften Garnelen
- 20 ganze Garnelen (8/12)
- 3 Knoblauchzehen
- 4 EL Limettensaft
- 3 EL Fischsauce
- 1 TL frisch gemahlener weißer Pfeffer

Zum Anrichten
- frische Gemüse (z. B. Gurken, Weißkohl, Schlangenbohnen)
- Kräuter (z. B. Koriander, Minze)
- 1 rote Chilischote

Die Garnelen waschen, gegebenenfalls den Darm ziehen. Auf einem gelochten Garbehälter 5 Minuten bei 80 °C dämpfen. Die Garnelen sollten innen noch glasig sein. Beim Dämpfen in einem Bambuskorb bei 100 °C verringert sich die Garzeit um 2 Minuten.

Für die Sauce die Knoblauchzehen abziehen und fein hacken. Den Knoblauch dann mit dem Limettensaft, der Fischsauce und dem Pfeffer zu einer Sauce verrühren.

Die Garnelen auf einer Platte mit dem Gemüse, den Kräutern und einer Chilischote anrichten. Die Sauce in separaten Schalen dazu servieren.

GEDÄMPFTE MUSCHELN

Für 4 Portionen
Zubereitungszeit: 20 Minuten
Im Dampfgarer/Bambuskorb: 5 Minuten bei 100 °C

Für die gedämpften Muscheln
2 kg küchenfertige Muscheln in der Schale
3–4 Knoblauchzehen
½ Stängel Zitronengras
2–3 Blätter Kaffir-Limette
3 dünne Scheiben vom Galgant
einige Korianderstängel
1 EL fein geschnittener Staudensellerie
2 EL fein geschnittene frische Salatgurke
rote und grüne Chilischoten nach Geschmack
½ EL Palmzucker
4 EL Limettensaft
4 EL Fischsauce

Zum Anrichten
Minzblätter
Limettenspalten

Die Muscheln säubern und beschädigte oder bereits geöffnete Muscheln entfernen. In einem gelochten Garbehälter 5 Minuten bei 100 °C dämpfen. Anschließend alle nicht geöffneten Muscheln entfernen. Bei allen anderen eine Schalenhälfte entfernen und die Muscheln in der Halbschale nebeneinander auf Teller legen.

Für die Nam-Prik-Sauce den Knoblauch abziehen und fein hacken. Das Zitronengras putzen, die harten Stiele der Kaffir-Limettenblätter entfernen. Dann beides zusammen mit dem Galgant und den Korianderstängeln fein schneiden. Die gehackten und geschnittenen Zutaten mit dem Staudensellerie, der Gurke, den geschnittenen und nach Wunsch entkernten Chilischoten, dem Palmzucker, dem Limettensaft und der Fischsauce verrühren.

Die Muscheln mit der Nam-Prik-Sauce beträufeln. Mit einigen Minzblättern und Limettenspalten garnieren.

TIPP: Für die Nam-Prik-Sauce kann die Hälfte der festen Zutaten auch noch kurz im Mörser zerstampft werden.

GEDÄMPFTER FISCH MIT INGWER UND FRÜHLINGSZWIEBEL

Für 4 Portionen
Zubereitungszeit: 25 Minuten
Im Dampfgarer/Bambuskorb: 15 Minuten bei 80 °C
Im Bambuskorb: 11–12 Minuten bei 100 °C

Für den gedämpften Fisch mit Ingwer und Frühlingszwiebel

- 1 ganzer Fisch (ca. 350–400 g, z. B. Goldbrasse oder Wolfsbarsch)
- Salz
- 3 cm Ingwer
- 2 Stängel Frühlingszwiebel
- 1 ½ EL Shaoxing-Reiswein
- 3 EL helle Sojasauce
- ½ TL Zucker
- einige Körner Szechuanpfeffer oder weißer Pfeffer
- 2 EL neutrales Pflanzenöl
- 1 TL getrocknete, milde rote Chilischote, in Röllchen geschnitten

Den Fisch säubern und salzen. Den Ingwer und die Frühlingszwiebel putzen und in feine Streifen schneiden, dabei einige Frühlingszwiebelstreifen für die Garnitur in Eiswasser legen.

Etwa ein Viertel vom Ingwer und den Frühlingszwiebeln in den Bauchraum des Fisches füllen. Die Außenseiten des Fischs beidseits mit 3 Querschnitten im 45°-Winkel versehen. Einige Ingwer- und Frühlingszwiebelstreifen auf einen passenden Teller geben, den Fisch darauflegen und einige Streifen darüberstreuen. Im Dampfgarer bei 80 °C 15 Minuten dämpfen. Beim Dämpfen in einem Bambuskorb bei 100 °C verringert sich die Garzeit um 3–4 Minuten.

Nach Ende der Garzeit die Probe machen, ob sich das Filet vom Rückgrat löst. Den trüben, beim Dämpfen entstandenen Saft abgießen.

In einer Schale den Reiswein, die Sojasauce, den Zucker und 3 EL Wasser zu einer Sauce verrühren. Die Pfefferkörner in einem Mörser zerstoßen. Das Öl in einer Pfanne erhitzen und Pfeffer sowie die Chili-Röllchen darin kurz rösten. Dann die restlichen Ingwer- und Frühlingszwiebelstreifen dazugeben und kurz scharf weiter rösten. Das Ganze über den Fisch geben. Anschließend in derselben Pfanne die Sauce erhitzen.

Den Fisch auf einer Platte anrichten und die Sauce darübergießen. Mit den in Eiswasser eingelegten Frühlingszwiebelstreifen garnieren.

GEDÄMPFTE HOKI-MEDAILLONS MIT WEISSEM SPARGEL, SÜSSKARTOFFELPÜREE UND ORANGEN-TERIYAKI

Für 4 Portionen
Zubereitungszeit: 45 Minuten
Im Dampfgarer/Bambuskorb: 20 Minuten bei 100 °C plus 6–8 Minuten bei 80 °C
Im Bambuskorb: 20 Minuten bei 100 °C plus 4–6 Minuten bei 100 °C

Für die gedämpften Hoki-Medaillons

- 1 kg weißer Spargel
- 500 g Süßkartoffeln
- 5 dünne Scheiben Ingwer
- 2 TL helle Miso-Paste
- 1 EL Sesamöl
- 1 EL Butterflocken
- Salz
- frisch gemahlener schwarzer Pfeffer
- 4 Hoki-Medaillons (à 160–180 g)
- 1 unbehandelte Orange
- 200 ml Teriyaki-Sauce (Rezept zum Selbermachen, siehe Seite 210)

Zum Anrichten

- frische Sprossen
- essbare Blüten

Den Spargel schälen und die holzigen Enden abschneiden. Die Süßkartoffeln schälen, in Scheiben schneiden und zusammen mit dem Ingwer in einem Garbehälter im Dampfgarer 20 Minuten bei 100 °C dämpfen. 3–5 Minuten vor Ende der Garzeit (je nach Dicke des Spargels) den Spargel in einem gelochten Garbehälter in den Dampfgarer geben.

Die Süßkartoffelstücke durch eine Kartoffelpresse drücken. Den Sud vom Garbehälter mit der Miso-Paste verrühren und diese dann zusammen mit dem Sesamöl und der Butter in das Püree rühren. Mit Salz und Pfeffer abschmecken.

Die Fischmedaillons salzen und in einem gelochten Garbehälter im Dampfgarer bei 80 °C 6–8 Minuten dämpfen. Beim Dämpfen im Bambuskorb bei 100 °C verringert sich die Garzeit auf 4–6 Minuten.

Den Garsud mit Orangensaft und -abrieb sowie der Teriyaki-Sauce vermischen und etwas einkochen.

Das Süßkartoffelpüree in die Mitte der Teller ausstreichen und den Spargel darauf anrichten. Den Fisch auf den Spargel legen. Die Sauce rundherum verteilen. Mit Sprossen und Blüten garnieren.

GEDÄMPFTER FISCH MIT CHILI-SOJAPASTE

Für 2 Personen
Zubereitungszeit: 25 Minuten
Im Dampfgarer/Bambuskorb: 15 Minuten bei 80 °C
Im Bambuskorb: 11–12 Minuten bei 100 °C

Für den gedämpften Fisch mit Chili-Sojapaste

- 1 ganzer Fisch (ca. 350–400 g, z. B. Goldbrasse oder Wolfsbarsch)
- 1 cm Ingwer
- 1 Frühlingszwiebel
- 2 EL Shaoxing-Reiswein
- 2 TL Hoisin-Sauce
- 2 TL Doubanjiang (Chili-Bohnenpaste)
- 1 TL Zucker
- 2 Knoblauchzehen
- ½ mittelgroße Zwiebel
- ½ rote Paprikaschote
- 10 cm Staudensellerie
- 2 EL neutrales Pflanzenöl
- ½ TL Maisstärkemehl

Zum Anrichten

- 1 EL Sesamöl
- frischer Koriander
- frische Gurkenscheiben

Den Fisch säubern. Den Ingwer fein würfeln und die Frühlingszwiebel in feine Scheiben schneiden.

Etwa ein Viertel von Ingwer und Frühlingszwiebel in den Bauchraum des Fisches füllen. Die Außenseiten des Fischs beidseits mit 3 Querschnitten im 45°-Winkel versehen. Dann auf einen passenden Teller legen und im Dampfgarer bei 80 °C 15 Minuten dämpfen. Beim Dämpfen in einem Bambuskorb bei 100 °C verringert sich die Garzeit um 3–4 Minuten.

Nach Ende der Garzeit prüfen, ob sich das Filet vom Rückgrat löst. Den trüben beim Dämpfen entstandenen Saft abgießen.

In einer Schale den Reiswein, die Hoisin-Sauce, die Doubanjiang-Paste und den Zucker zu einer Würzmischung verrühren.

Den Knoblauch und die Zwiebel abziehen und fein würfeln oder hacken. Die Paprikaschote putzen, entkernen und in feine Würfel schneiden. Den Staudensellerie putzen und fein würfeln.

Das Öl in einer Pfanne erhitzen. Die Zwiebel, den Knoblauch und den restlichen Ingwer darin kurz rösten. Die Paprikawürfel, die restliche Frühlingszwiebel und den Staudensellerie hinzufügen und kurz scharf weiter rösten. Mit der Würzmischung aufgießen, kurz aufkochen und mit der mit etwas Wasser glatt gerührten Maisstärke binden.

Den Fisch auf einer Platte anrichten und die Sauce darübergießen. Dann etwas Sesamöl darüberträufeln und einige Korianderblätter darauf verteilen. Mit Gurkenscheiben garnieren.

LACHSMEDAILLONS MIT WAKAME

Für 4 Portionen
Zubereitungszeit: 15 Minuten
Im Dampfgarer: 6–8 Minuten bei 80 °C
Im Bambuskorb: 4–6 Minuten bei 100 °C

Für die Lachsmedaillons mit Wakame

- ca. 10 cm Ingwer für 2 EL Ingwersaft
- 2 EL getrocknete Wakame (oder 150 g tiefgekühlte)
- 100 g Pilze nach Wahl
- 1 Frühlingszwiebel
- 4 EL Sojasauce (z. B. Kikkoman)
- 4 EL Mirin
- 1 TL Miso-Paste
- 2 EL Dashi (siehe Seite 209)
- 2 EL Zitronensaft
- 4 Lachsmedaillons (à 150–180 g)

Zum Anrichten

- 1 EL geröstete weiße Sesamsaat
- etwas Sesamöl (optional)

Den Ingwer schälen, fein reiben und mit etwas Wasser versetzen. Dann durch ein Haarsieb auspressen. Es werden 2 EL Ingwersaft benötigt.

Wakame einige Minuten in kaltem Wasser einlegen bzw. auftauen, dann abseihen bzw. gut abtropfen lassen. Die Pilze putzen und in 1 cm dicke Scheiben schneiden. Die Frühlingszwiebel putzen, in feine Streifen schneiden und diese für einige Minuten in Eiswasser einlegen.

Für die Sauce die Sojasauce, den Mirin, die Miso-Paste, das Dashi, den Ingwersaft und den Zitronensaft in einem kleinen Topf verrühren. Die Pilze zugeben und alles zusammen abgedeckt für 2 Minuten erhitzen.

Die Lachsmedaillons bei 80 °C je nach Dicke 6–8 Minuten dämpfen (bei 100 °C im Bambuskorb verringert sich die Garzeit auf 4–6 Minuten). Der Lachs sollte innen noch nicht ganz durchgegart sein.

Den Lachs in tiefe Teller geben. Die Sauce mit den Pilzen über den Lachs löffeln. Die Wakame darauf anrichten. Mit den gut abgetropften Frühlingszwiebelstreifen und Sesamsaat garnieren. Nach Wunsch etwas Sesamöl darüberträufeln.

RED-SNAPPER-FILET IM SOJA-FOND

Für 4 Portionen
Zubereitungszeit: 25 Minuten
Im Dampfgarer/Bambuskorb: 8–10 Minuten bei 80 °C
Im Bambuskorb: 6–8 Minuten bei 100 °C

Für das Red-Snapper-Filet im Soja-Fond

- 8 getrocknete Shiitake-Pilze
- 1 Stängel Zitronengras
- 1 EL fein gehackter Ingwer
- 1 kleine Stange Lauch
- 3 EL Fischsauce
- 6 EL helle Sojasauce
- 100 ml Gemüse- oder Hühnerbrühe
- 1 EL Zitronensaft
- 1 TL Zucker
- frisch gemahlener weißer Pfeffer
- 1 rote Chilischote (mild oder scharf nach Geschmack)
- 4 Red-Snapper-Filets (à 150 g)

Zum Anrichten

- Sesamöl (optional)
- essbare Blüten

Für den Fond die Pilze 10 Minuten in etwas warmem Wasser einlegen. Das Zitronengras und den Ingwer fein schneiden. Den Lauch waschen und in etwa 8 cm lange feine Streifen schneiden.

Für den Soja-Fond die Fischsauce, die Sojasauce, die Brühe, den Zitronensaft und den Zucker in einer Schale verrühren und den Fond mit Pfeffer abschmecken.

Die Chilischote putzen, nach Wunsch entkernen und in dünne Scheiben schneiden.

In einen passenden Garbehälter den Ingwer und das Zitronengras streuen. Die Fischfilets daraufsetzen und mit dem Fond übergießen. Die Pilze in Scheiben schneiden und dazu geben. Das Ganze bei 80 °C je nach dicke der Fischfilets 8–10 Minuten dämpfen. In einem Bambuskorb bei 100 °C verringert sich die Garzeit um 2 Minuten. 2 Minuten vor Ende der Garzeit die Lauchstreifen dazugeben.

Die Filets mit dem Gemüse und dem Fond in tiefen Tellern anrichten. Einige Chilischeiben darübergeben. Nach Wunsch etwas Sesamöl darüberträufeln. Mit Blüten garnieren.

FLEIS & GE

CH
FLÜGEL

PAKISTANISCHES GEDÄMPFT GEBRATENES HÄHNCHEN

Für 4 Portionen
Zubereitungszeit: 1 Stunde plus ca. 12 Stunden Ruhezeit
Im Dampfgarer/Bambuskorb: 40 Minuten bei 100 °C

Für das gedämpft gebratene Hähnchen

- 4–5 Knoblauchzehen
- 1 grüne Chilischote
- 1 EL fein geraspelter oder geschnittener Ingwer
- ca. ½ TL Chiliflocken
- 2 TL gemahlener Kreuzkümmel
- 2 TL zerstoßene Koriandersamen
- 1 TL zerstoßene schwarze Pfefferkörner
- 2 TL gemahlene Bockshornkleesamen
- 2 TL Tikka Masala
- 2 TL Salz
- 1 ganzes küchenfertiges Hähnchen (ca. 1,3 kg)
- 1 EL zimmerwarmes Butterschmalz

Zum Anrichten

- 2 EL Butterschmalz
- 1 unbehandelte Zitrone
- Koriander-Chutney (siehe Seite 213)
- Tomaten-Chutney (siehe Seite 211)
- Naturjoghurt

Die Knoblauchzehen abziehen und fein hacken. Die grüne Chilischote putzen, nach Wunsch entkernen und fein schneiden. Den Knoblauch, die Chilischote, den Ingwer und alle Gewürze sowie das Salz in einer Schüssel gut zu einer Gewürzmischung verrühren.

Das Hähnchen häuten und ein bis zwei Querschnitte in das Brustfleisch schneiden. In diese Schnitte zuerst das Butterschmalz hineinstreichen, dann das ganze Hähnchen gut mit der Gewürzmischung einreiben.

Das Hähnchen abgedeckt über Nacht in den Kühlschrank stellen.

Anschließend in einen gelochten Garbehälter stellen, eine Auffangschale darunter platzieren und 40 Minuten bei 100 °C dämpfen.

Das Hähnchen aus dem Dampfgarer in den auf 270 °C vorgeheizten Backofen (Ober-/Unterhitze) stellen und 5 Minuten knusprig braten. Inzwischen 2 EL Butterschmalz erhitzen.

Das Hähnchen auf einer Platte servieren, das heiße Butterschmalz darüber verteilen und eine Zitrone darüber auspressen. Mit den Chutneys und Joghurt servieren.

TIPP: Für ein intensives Aroma die Gewürze (Kreuzkümmel, Koriandersamen, Pfefferkörner, Bockshornkleesamen) in einer Pfanne trocken rösten, bis sich die Aromen entfalten, und dann im Mörser zerstoßen oder in einer Gewürzmühle mahlen.

GEDÄMPFTES HUHN MIT SHIITAKE-PILZEN

Für 4 Portionen
Zubereitungszeit: 1 Stunde
Im Dampfgarer/Bambuskorb: 15 Minuten bei 100 °C

Für das gedämpfte Huhn mit Shiitake-Pilzen

- 700 g Hähnchenfleisch (ohne Haut und Knochen)
- 2–3 Knoblauchzehen
- 6 EL helle Sojasauce
- 1 EL schwarze Sojasauce
- 4 EL Hoisin-Sauce
- 4 EL Shaoxin-Reiswein
- 1 EL fein geriebener Ingwer
- frisch gemahlener weißer Pfeffer
- 8–10 getrocknete Shiitake-Pilze
- 1 rote Spitzpaprikaschote
- 1 Frühlingszwiebel

Zum Anrichten

- 1 EL geröstetes Sesamöl
- etwas frischer Koriander

Das Hähnchenfleisch in mundgerechte Stücke schneiden.

Die Knoblauchzehen abziehen und fein hacken. In einer Schüssel die beiden Sojasaucen, die Hoisin-Sauce und den Reiswein mit dem Knoblauch sowie dem Ingwer verrühren. Mit Pfeffer abschmecken.

Das Fleisch kurz mit heißem Wasser waschen, um das ausgetretene Eiweiß abzuspülen, dann trockentupfen und für 30 Minuten in der Sauce marinieren lassen.

Die Stiele der Pilze entfernen, die Kappen halbieren oder vierteln. Die Paprikaschote putzen, entkernen und in 5 mm breite Ringe schneiden. Die Frühlingszwiebel putzen und in feine Scheiben schneiden.

Das Fleisch zusammen mit der Marinade 10 Minuten bei 100 °C dämpfen. Dann die Pilze und die Paprikaringe untermischen und das Ganze weitere 5 Minuten dämpfen.

Das Hähnchenfleisch mit dem Gemüse und der Sauce auf Schalen verteilen. Die Frühlingszwiebelscheiben darüber streuen und etwas Sesamöl darüberträufeln. Mit Koriander garnieren.

HÄHNCHENBRUST AUF GRÜNEM SPARGEL

Für 4 Portionen
Zubereitungszeit: 30 Minuten plus 1 Stunde Ruhezeit
Im Dampfgarer/Bambuskorb: 20 Minuten bei 100 °C

Für die Hähnchenbrust auf grünem Spargel

- 4 Knoblauchzehen
- 2 EL Austernsauce
- 1 EL Shaoxing-Reiswein
- 1 EL schwarze Sojasauce
- 2 EL helle Sojasauce
- 1 TL flüssiger Honig
- etwas gemahlener weißer Pfeffer
- 8 dünne Scheiben Ingwer
- 4 Hähnchenbrüste

Zum Anrichten

- 4 Portionen gedämpfter grüner Spargel
- 1 Frühlingszwiebel, in Ringe geschnitten
- rote Chilischeiben
- Korianderblätter
- 4 Schälchen Sambal (siehe Seite 118)

Die Knoblauchzehen abziehen und in dünne Scheiben schneiden. Für die Sauce die Austernsauce, den Reiswein, die beiden Sojasaucen und den Honig in einer Schüssel verrühren und mit Pfeffer abschmecken. Dann die Knoblauch- und Ingwerscheiben untermischen. Das Fleisch 1 Stunde in der Sauce marinieren.

Anschließend die Hähnchenbrüste zusammen mit der Marinade in Plastikbeutel geben und je nach Größe 15–20 Minuten bei 100 °C dämpfen.

Den Spargel auf die Teller verteilen. Die Hähnchenbrüste aus dem Beutel nehmen, in Scheiben schneiden und auf dem Spargel anrichten. Den Fond darüber verteilen. Die Frühlingszwiebelringe, Chilischeiben und den Koriander darüberstreuen. Das Sambal in separaten Schalen dazu servieren.

TIPP: Für den gedämpften Spargel die Stangen schälen, gegebenenfalls holzige Anteile entfernen und in einem gelochten Garbehälter bei 100 °C etwa 3 Minuten dämpfen.

HUHN BIRYANI

Für 4 Portionen
Zubereitungszeit: 60 Minuten plus ca. 12 Stunden Ruhezeit
Im Dampfgarer/Bambuskorb: 30 Minuten bei 100 °C

Für das Huhn Biryani
- 4 Hähnchenschenkel
- 4 Knoblauchzehen
- 6 EL griechischer Joghurt (10 % Fettgehalt)
- 2 TL fein geriebener Ingwer
- Salz
- ½ TL gemahlene Kurkuma
- ca. 1 EL Garam Masala
- ½ TL Koriandersamen
- 1 EL Zitronensaft
- 280 g Basmatireis
- 2 mittelgroße Zwiebeln
- 1 Stängel Minze
- einige Safranfäden
- 2 EL neutrales Pflanzenöl oder Butterschmalz
- 1 Lorbeerblatt
- ½ TL Kümmelsaat
- 1 Zimtrinde
- 6 grüne Kardamomkapseln
- 1 Sternanis
- 5 Gewürznelken
- Chilipulver (optional)
- 2 EL Röstzwiebeln

Zum Anrichten
- Minz- oder Korianderblätter

Die Hähnchenschenkel mit einem Schnitt in Ober- und Unterkeule trennen, die Haut abziehen und das Fleisch am Knochen einschneiden.

Die Knoblauchzehen abziehen und fein hacken. Den Knoblauch dann mit dem Joghurt, dem Ingwer, 1 TL Salz, der Kurkuma, ½ EL Garam Masala, den Koriandersamen und dem Zitronensaft zu einer Marinade verrühren. Anschließend die Hähnchenkeulen darin marinieren und abgedeckt im Kühlschrank über Nacht durchziehen lassen.

Den Reis waschen und 20 Minuten in kaltem Wasser quellen lassen, um die Kochzeit zu verringern und den Reis aromatischer zu machen.

Die Zwiebeln abziehen und in Streifen schneiden. Die Minze waschen, trockenschütteln, die Blätter abzupfen und hacken. Die Safranfäden in etwas warmem Wasser kurz quellen lassen.

Das Öl in einem Kochtopf erhitzen. Bei mittlerer Temperatur das Lorbeerblatt, den Kümmel, die Zimtrinde, die Kardamomkapseln, den Sternanis und die Gewürznelken 2 Minuten darin rösten. Die Zwiebelstreifen zugeben und goldbraun anbraten. Dann 2 TL Garam Masala und nach Wunsch Chilipulver zugeben und kurz weiter rösten. Die Hähnchenkeulen zusammen mit der Marinade zugeben und 5 Minuten anbraten. Die Hälfte der Minze unterrühren und das Ganze in einen Garbehälter umfüllen.

Den Reis durch ein Sieb gießen, kurz abtropfen lassen und über dem Fleisch verteilen. Dann den Safran zugeben und mit 420 ml Wasser auffüllen. Mit ½ TL Salz würzen und die Röstzwiebeln sowie die restliche Minze darüberstreuen. 30 Minuten bei 100 °C dämpfen. Der Reis sollte weich, aber körnig sein. Mit einer Küchenspachtel auflockern und abgedeckt noch 10 Minuten ziehen lassen.

Den Reis auf tiefe Teller verteilen und das Fleisch darauf anrichten. Mit etwas Minze oder Koriander garnieren.

GEDÄMPFTE HÄHNCHEN-SCHENKEL

Für 4 Hühnerschenkel
Zubereitungszeit: 40 Minuten plus 4 Stunden Ruhezeit
Im Dampfgarer/Bambuskorb: 30 Minuten bei 100 °C

Für die gedämpften Hähnchenschenkel

5 große rote getrocknete Chilischoten
6 Schalotten
6–8 Knoblauchzehen
6 Scheiben Galgant
2 Stängel Zitronengras
2 Korianderwurzeln
1 Finger vom Fingeringwer
1 EL Koriandersamen
2 TL Salz
10 Körner Makhwaen-Pfeffer (alternativ Szechunapfeffer)
8 Blätter Kaffir-Limette
4 Hähnchenschenkel

Zum Anrichten

Korianderblätter
essbare Blüten

Die getrockneten Chilischoten 5 Minuten in warmem Wasser einweichen.

Die Schalotten und Knoblauchzehen abziehen und fein schneiden. Den Galgant, das Zitronengras, die Korianderwurzeln, den Fingeringwer und die abgetropften Chilischoten ebenfalls fein schneiden.

Die Koriandersamen ohne Fettzugabe in einer Pfanne anrösten. Alle geschnittenen Zutaten, die Koriandersamen, das Salz und die Pfefferkörner in einem Mörser zu einer Paste stampfen. Dann die Kaffir-Limettenblätter zerzupfen und zur Paste hinzufügen.

Die Hähnchenschenkel mit der Paste einreiben und mindestens 4 Stunden im Kühlschrank marinieren lassen. Anschließend zusammen mit der Marinade in einem Dampfgarer in einer Auffangschale 30 Minuten bei 100 °C dämpfen.

Die Hähnchenschenkel mit der Marinade in tiefen Tellern anrichten. Mit Koriander und Blüten garnieren.

GEDÄMPFTE SPARERIBS MIT SCHWARZEN BOHNEN

Für 4 Portionen
Zubereitungszeit: 2 Stunden
Im Dampfgarer/Bambuskorb: 45 Minuten bei 100 °C

Für die gedämpften Spareribs mit schwarzen Bohnen

- 1 kg Spareribs
- 2 TL Kaisernatron
- 2 EL fermentierte schwarze Bohnen
- 3 Knoblauchzehen
- 2 EL helle Sojasauce
- 2 EL Austernsauce
- 2 EL Shaoxing-Reiswein
- 1 EL Sesamöl
- 1 TL fein geriebener Ingwer
- 1 TL Abrieb von 1 unbehandelten Mandarine
- 2 TL Zucker
- 1 TL Salz
- Chiliflocken nach Geschmack
- 3 EL Maisstärke

Die Spareribs in einzelne Rippen schneiden. Das Kaisernatron in etwa 1 l Wasser auflösen und das Fleisch 30 Minuten darin einlegen. Anschließend gut abspülen und mit Küchenpapier trockentupfen.

Die fermentierten schwarzen Bohnen 15 Minuten in Wasser quellen lassen, dann abseihen und grob hacken.

Die Knoblauchzehen abziehen und fein hacken. Diese dann mit der Sojasauce, der Austernsauce, dem Reiswein, dem Sesamöl, dem Ingwer, dem Mandarinenabrieb, dem Zucker, dem Salz und nach Geschmack Chiliflocken zu einer Marinade verrühren.

Anschließend die Maisstärke unterrühren und die Marinade in die Spareribs massieren. Die Ribs 30 Minuten durchziehen lassen.

Nach der Ziehzeit die Spareribs nebeneinander in einen Garbehälter legen und bei 100 °C 45 Minuten dämpfen.

Die Spareribs auf den Tellern anrichten und etwas Garflüssigkeit darüberlöffeln.

SCHWEINEFLEISCHRÖLLCHEN MIT ENOKI-PILZEN UND TERIYAKI-SAUCE

Für 4 Portionen
Zubereitungszeit: 20 Minuten
Im Dampfgarer/Bambuskorb: 10 Minuten bei 100 °C

Für die Schweinefleischröllchen mit Enoki-Pilzen und Teriyaki-Sauce

- 500 g Schweinefleisch (z. B. Karree, Hüfte oder Keule)
- 2 Packungen frische Enoki-Pilze
- Salz
- frisch gemahlener schwarzer Pfeffer
- 2 Süßkartoffeln
- 200 ml Teriyaki-Sauce

Zum Anrichten

- Frühlingszwiebeln, in Scheiben geschnitten
- frische Sprossen

Das Schweinefleisch quer zur Faserung in 8 dünne Scheiben schneiden. Die Fleischscheiben zwischen zwei Lagen Frischhaltefolie dünn klopfen und längs halbieren. Die Enoki-Pilze in 16 gleich große Portionen teilen.

Das Fleisch auf beiden Seiten mit Salz und Pfeffer würzen. Die Pilze quer darauflegen und einrollen. Die Röllchen mit der Verschlussstelle nach unten nebeneinander in einen Garbehälter legen.

Die Süßkartoffeln schälen und in 1 cm dicke Scheiben schneiden. Diese nach Wunsch noch mit einem Keksausstecher dekorativ ausstechen. Die Kartoffeln in einen separaten Dampfgarbehälter legen.

Die Kartoffeln bei 100 °C 10 Minuten dämpfen. 3 Minuten vor Ende der Garzeit auch die Schweinefleischröllchen in den Dampfgarer geben. Die Teriyaki-Sauce in einem Topf erhitzen.

Je vier Süßkartoffelscheiben auf die Teller legen und darauf jeweils ein Schweinefleischröllchen anrichten. Die Teriyaki-Sauce darüber verteilen. Mit den Frühlingszwiebeln und Sprossen garnieren.

GEDÄMPFTES GEGRILLTES LAMM

Für 4 Portionen
Zubereitungszeit: ca. 1 Stunde plus 12 Stunden Ruhezeit
Im Dampfgarer/Bambuskorb: 30–45 Minuten bei 80 °C

Für das gedämpfte gegrillte Lamm
- 800 g Lammfleisch (Rücken oder Keule)
- 3–4 Knoblauchzehen
- 2 Schalotten
- 1 Stängel Zitronengras
- 2 Blätter Kaffir-Limette
- ½ TL Kreuzkümmelsamen
- 1 TL Koriandersamen
- ¼ TL gemahlener Zimt
- 1 Prise gemahlene Gewürznelken
- 3 grüne Kardamomkapseln
- 1 EL gehackter Ingwer
- ½ EL gehackter Galgant
- Salz
- 1 EL Limettensaft
- Chiliflocken

Zum Anrichten
- gedämpfter Reis
- Sambal Oelek

Das Lammfleisch sauber parieren. Die Knoblauchzehen und Schalotten abziehen und fein schneiden. Das Zitronengras und die Kaffir-Limettenblätter von den harten Anteilen befreien und sehr fein schneiden.

Die trockenen Gewürze (Kreuzkümmel, Koriander, Zimt, Gewürznelken, Kardamom) in einer Pfanne ohne Fettzugabe rösten, bis sich die Aromen entfalten, und dann im Mörser zerstoßen. Diese Mischung mit dem Knoblauch, den Schalotten, dem Zitronengras, den Limettenblättern, dem Ingwer, dem Galgant, ½ TL Salz, dem Limettensaft und Chiliflocken zu einer Marinade vermischen. Anschließend die Marinade in das Lammfleisch einmassieren und das Fleisch über Nacht im Kühlschrank marinieren lassen.

Das Lamm vor dem Garen salzen und in einem Vakuumbeutel je nach Dicke des Stücks 30–45 Minuten bei 80 °C dämpfen. Nach Wunsch vor dem Dämpfen vakuumieren.

Nach dem Dämpfen das Lamm aus dem Beutel nehmen und kurz scharf grillen, um eine Röstkruste zu erhalten.

Das Lamm in Scheiben schneiden und mit gedämpftem Reis servieren. Das Sambal Oelek in separaten Schalen dazu servieren.

TIPP: Für innen noch rosafarbenes Fleisch unbedingt mit etwa 80 °C dämpfen. Bei 100 °C Dampf wird das Fleisch nicht gleichmäßig rosa bleiben.

INDISCHE LAMM-KOFTA

Für 4 Portionen
Zubereitungszeit: 30 Minuten
Im Dampfgarer/Bambuskorb: 7–10 Minuten bei 100 °C

Für das indische Lamm-Kofta
- 2 EL Röstzwiebeln
- 8–10 Knoblauchzehen
- 2–3 Stängel frischer Koriander
- 500 g Hackfleisch vom Lamm
- 2 EL Kokosnusspulver
- 4 EL Kichererbsenmehl (Gram Flour)
- 1 TL fein geriebener Ingwer
- ½ TL gemahlene Kurkuma
- 1 TL Garam Masala
- 1 TL gemahlener Kreuzkümmel
- 1 TL gemahlener Koriander
- ca. 80 g griechischer Joghurt (10 % Fettgehalt)
- Salz
- 2 mittlere Zwiebeln
- 3 EL Butterschmalz oder neutrales Pflanzenöl
- 1 kleine Zimtrinde
- 5 grüne Kardamomkapseln
- 1 schwarzer Kardamomkapsel
- 1 Lorbeerblatt
- 150 g gewürfelte Tomaten (Konserve)

Zum Anrichten
- griechischer Joghurt (10 % Fettgehalt)
- frischer Koriander

Für die Kofta die Röstzwiebeln in einer Gewürzmühle mahlen. 4–5 Knoblauchzehen abziehen und fein hacken. Den Koriander waschen, trockenschütteln, die Blätter abzupfen und fein hacken. Die Röstzwiebeln, den Knoblauch, den Koriander, das Hackfleisch, das Kokosnusspulver, das Kichererbsenmehl, den Ingwer, die Kurkuma, ½ TL Garam Masala, ½ TL Kreuzkümmel, ½ TL Koriander, 2 EL Joghurt und 1 TL Salz in einer Schüssel zu einem Fleischteig verkneten. Dann mit angefeuchteten Händen kleine, gleich große Bällchen daraus formen, in einen Garbehälter legen und beiseitestellen.

Für die Sauce die Zwiebeln und die restlichen Knoblauchzehen (4–5) abziehen und fein würfeln oder hacken. Das Butterschmalz bzw. Pflanzenöl in einer Pfanne erhitzen und bei mittlerer Temperatur die Zwiebeln und den Knoblauch darin goldbraun rösten. Die Zimtrinde, den gesamten Kardamom und das Lorbeerblatt zugeben und 1–2 Minuten weiter rösten. Dann ½ TL Garam Masala, ½ TL Koriander und ½ TL Kreuzkümmel unterrühren und einige Sekunden rösten. Mit den Tomaten, 100 ml Wasser und dem restlichen Joghurt (ca. 50 g) auffüllen. Mit Salz würzen und einmal aufkochen lassen. Die Sauce dann über die Kofta gießen und alles zusammen, je nach Größe der Kofta, 7–10 Minuten bei 100 °C dampfgaren.

Die Lamm-Kofta mit der Sauce in Schalen anrichten. Etwas Joghurt sowie Korianderblätter darüber verteilen.

comas inox

TIPP: Kerisik sind geröstete zerstampfte Kokosraspel. Für 4–5 EL Kerisik 400 g getrocknete Kokosnussraspeln oder frische Kokosnussraspeln auf mittlerer Hitze in einer Pfanne ohne Öl anrösten, bis sie goldbraun werden. Anschließend die warmen Raspel in einem Mörser bearbeiten, bis die Öle austreten und eine feine Creme entsteht. Dieser Prozess kann 10 bis 15 Minuten dauern.

INDONESISCHES RENDANG-CURRY VOM GEDÄMPFTEN RINDERBRISKET

Für 4 Portionen
Zubereitungszeit: gesamt 3–3 ½ Stunden
Im Dampfgarer/Bambuskorb: 2 ½–3 Stunden bei 100 °C

Für das indonesische Rendang-Curry vom gedämpften Rinderbrisket

800 g Rinderbrisket (Brustkern)
Salz
5 Schalotten
5 Knoblauchzehen
3–4 Stängel Zitronengras (je nach Größe)
10–12 getrocknete große rote Chilischoten
1 EL gehackter Ingwer
1 EL gehackter Galgant
2 EL neutrales Pflanzenöl
1 Stück Zimtrinde
3–4 Gewürznelken
2 Sternanis
3 grüne Kardamomkapseln
1 ½ EL Palmzucker
240 ml cremige Kokosmilch
1 EL Tamarindenpaste
4 EL Kerisik (siehe Tipp links)
4 Blätter Kaffir-Limette

Zum Anrichten

Frühlingszwiebelscheiben
Lorbeerblatt
Zimtrinde
gedämpfter Reis

Das Rinderbrisket leicht salzen, in einen hitzebeständigen Beutel geben, verschließen und im Dampfgarer bei 100 °C 2,5–3 Stunden garen. Nach Wunsch vor dem Garen vakuumieren. Das gegarte Brisket sollte so weich sein, dass es entlang der Fasern mit den Händen in mundgerechte Stücke zerteilt werden kann.

Für die Rendang-Paste die Schalotten und die Knoblauchzehen abziehen und fein schneiden. Das Zitronengras putzen, die Chilischoten nach Wunsch entkernen und beides fein schneiden. Alle geschnittenen Zutaten zusammen mit dem Ingwer, dem Galgant und ½ TL Salz in einem Standmixer zerkleinern und anschließend im Mörser zu einer feinen Paste einstampfen.

Für die Sauce das Öl in einem Kochtopf erhitzen und die Rendang-Paste darin rösten, bis diese etwas gebräunt ist und die Aromen entfaltet sind. Dann die Zimtrinde, die Gewürznelken, den Sternanis, den Kardamom und den Zucker zugeben und kurz weiterrösten. Mit der Kokosmilch aufgießen und die Tamarindenpaste, das Kerisik sowie Limettenblätter zugeben. Die Sauce einmal aufkochen, dann das Brisket zugeben und weiter kochen, bis das Fleisch heiß ist und die Flüssigkeit nahezu vollständig verkocht ist. Mit Salz abschmecken.

Das Fleisch auf Tellern anrichten und mit Frühlingszwiebelscheiben, Lorbeerblatt und Zimtrinde garnieren. Dazu gedämpften Reis servieren.

TIPP: Den Saft aus dem Plastikbeutel auffangen und für andere Gerichte weiterverwenden.

TIPP: Die Rendang-Paste kann auch gut in kleinen Beuteln auf Vorrat tiefgekühlt werden.

KALBSTAFELSPITZ AUF GRÜNEM THAI-CURRY

Für 1 kleiner Kalbstafelspitz (ca. 700–800 g)
Zubereitungszeit: 70 Minuten plus 12 Stunden Ruhezeit
Im Dampfgarer/Bambuskorb: 50 Minuten bei 80 °C für den Tafelspitz, 4 Minuten bei 100 °C für das Gemüse

Für den Kalbstafelspitz auf grünem Thai-Curry

- 2–3 Knoblauchzehen
- 5 dünne Scheiben Ingwer
- 1 Stängel Zitronengras
- 1 TL Koriandersamen
- 6–8 weiße Pfefferkörner
- 2 EL helle Sojasauce
- 1 EL schwarze Sojasauce
- 1 EL neutrales Pflanzenöl
- 1 ½–2 EL grüne Currypaste
- 1 TL Palmzucker
- 2–3 Blätter Kaffir-Limette
- 300 ml Kokoscreme
- 2 EL Fischsauce
- 4 Portionen Gemüse (z. B. Zuckererbsenschoten und Babymais)

Zum Anrichten

- 4 Portionen schwarzer Klebreis (siehe Seite 215)
- Enoki-Pilze
- Sprossen

Für die Marinade den Knoblauch abziehen. Den Knoblauch, den Ingwer und das Zitronengras fein schneiden, dann zusammen mit den Koriandersamen und den Pfefferkörnern in einer Gewürzmühle oder einem Mörser zu einer groben Paste verarbeiten. Die beiden Sojasaucen unterrühren. Den Tafelspitz rundherum mit der Marinade gut einreiben, in einen Plastikbeutel geben und über Nacht im Kühlschrank marinieren lassen.

Am nächsten Tag den Tafelspitz bei 80 °C 50 Minuten dämpfen. Danach den Beutel aufschneiden und den Tafelspitz quer zur Faser in dünne Scheiben schneiden.

Für das Curry das Öl in einem Kochtopf erhitzen. Die Currypaste zugeben und rösten, bis sich die Aromen entfalten. Den Palmzucker unterrühren und darin auflösen. Die Limettenblätter zugeben, mit der Kokoscreme auffüllen und mit Fischsauce würzen. Die Sauce um ein Viertel einköcheln.

Das Gemüse für 3–4 Minuten bei 100 °C dämpfen.

Die Currysauce auf Tellern verteilen. Die Tafelspitzscheiben, das Gemüse, den Klebreis und die Pilze darauf anrichten. Mit den Sprossen garnieren.

ILOVE

DES

SERT

BANANENPUDDING IM BANANENBLATT

Für 12–15 Stück
Zubereitungszeit: 25 Minuten
Im Dampfgarer/Bambuskorb: 15 Minuten bei 100 °C

Für den Bananenpudding
- 3 reife Bananen
- 70 g Reismehl
- 40 g Tapiokamehl
- 40 g Pfeilwurzelmehl
- 200 ml Kokoscreme
- 80 g Palmzucker
- 1 TL Salz
- 140 g geraspelte Kokosnuss (frisch oder TK)
- 2 Bananenblätter

Die Bananen schälen und grob pürieren oder mit einer Gabel zerdrücken. Die Mehle, die Kokoscreme, den Zucker, das Salz und die Hälfte der Kokosraspel (70 g) zugeben und alles gut verrühren.

Die Bananenblätter in Stücke von etwa 8 x 20 cm schneiden und diese auf einer Herdplatte erhitzen, bis sie zu glänzen beginnen. Dann wenden und mit der anderen Seite gleich verfahren. Die Blätter dann zu Tüten falten. Die Enden mit einem Zahnstocher fixieren.

Die Tüten in schmale Gläser stellen und bis etwa 1 cm unterhalb des Rands mit der Bananen-Kokosmasse befüllen. Die restlichen Kokosraspel (70 g) darüber streuen.

Bei 100 °C 15 Minuten dämpfen. Anschließend zum Abkühlen beiseitestellen.

Den Bananenpudding in der Bananenblatttüte servieren.

TIPP: Bananenblätter sind im Asialaden sowohl frisch als auch tiefgekühlt erhältlich. Frische Bananenblätter, in Folie verpackt, halten im Kühlschrank für mehrere Wochen. Wenn keine Bananenblätter zur Hand sind, kann dieses Dessert auch in kleinen Schälchen oder Gläsern gedämpft werden.

CHINESISCHE CREAM BUN

Für 10 Stück
Zubereitungszeit: 2 Stunden
Im Dampfgarer gehen lassen: 15 Minuten bei 40 °C
Im Dampfgarer/Bambuskorb: 15 Minuten bei 100 °C

Für die Cream Buns

- 2 Eigelb
- 2 EL Maisstärkemehl
- 2 EL Zucker
- 1 Prise Salz
- Vanilleextrakt nach Geschmack
- 140 ml Vollmilch
- 40 g Butter
- Sala-Bao-Teig (siehe Seite 78)

Für die Füllung die Eigelbe, das Maisstärkemehl, den Zucker, das Salz, Vanilleextrakt und die Milch in einer Schüssel verrühren. Die Mischung dann durch ein Sieb passieren, um gegebenenfalls vorhandene Klümpchen zu entfernen.

Die Mischung in einem Kochtopf unter ständigem Rühren erhitzen, bis sie eindickt, jedoch nicht aufkochen lassen. Sobald die Mischung zu stocken beginnt, vom Herd nehmen.

Die Butter unter die heiße Mischung rühren, bis sie vollständig geschmolzen und eingearbeitet ist. Die Creme abkühlen lassen und kalt stellen.

Den Teig gemäß dem Rezept für Sala Bao vorbereiten. Den Teig in 40–50 g schwere Portionen teilen, diese rund formen und so flach drücken, dass die Ränder dünner als die Mitte sind. Die Mitte kann etwa 1 cm dick bleiben. In die Mitte der Teigkreise jeweils 1 EL der Füllung geben. Dann die Teigränder über die Füllung ziehen und gut verschließen.

Die Buns mit der Verschlussseite nach unten auf ein kleines Stück Backpapier setzen. Dieses dann in einem gelochten Garbehälter im Dampfgarer 15 Minuten bei 40 °C gehen lassen. Alternativ können die Buns auch 30 Minuten an einem warmen, zugfreien Ort ruhen.

Die Buns anschließend 15 Minuten bei 100 °C dämpfen.

Die Cream Buns frisch gedämpft servieren.

GEDÄMPFTE PANDAN-KOKOSKÜCHLEIN

Für 8–10 Küchlein
Zubereitungszeit: 45 Minuten
Im Dampfgarer/Bambuskorb: 5 Minuten plus 15 Minuten bei 100 °C

Für die Pandan-Kokosküchlein
- 150 g geraspelte Kokosnuss (frisch oder TK)
- Salz
- 1 TL plus 150 g Zucker
- 2 Eier
- etwas Vanilleextrakt
- 2 EL Kokoscreme
- 2 EL Pandan-Extrakt
- 150 g Weizenmehl Type 405
- ½ TL Backpulver
- neutrales Pflanzenöl für die Formen

Zum Anrichten
- Pandan-Blätter
- essbare Blüten

Die Kokosraspel gegebenenfalls auftauen, mit ¼ TL Salz und 1 TL Zucker mischen und im Dampfgarer bei 100 °C 5 Minuten dämpfen.

Die Eier in eine Schüssel aufschlagen, den restlichen Zucker (150 g) und Vanilleextrakt zugeben und alles zusammen schaumig rühren.

Die Kokoscreme mit dem Pandan-Extrakt und 1 Prise Salz verrühren.

Das Mehl mit dem Backpulver mischen, durch ein Sieb geben und nach und nach unter die Eier-Zucker-Masse unterrühren. Anschließend die Kokoscrememischung unterrühren.

Ofenförmchen mit Öl ausstreichen. Als unterste Schicht die gedämpften Kokosraspel einfüllen, darüber bis 1 cm unter dem Rand die Eiermasse einfüllen.

Im Dampfgarer bei 100 °C, je nach Größe der Förmchen, 12–15 Minuten dämpfen.

Die Küchlein aus den Förmchen stürzen und warm oder kalt auf einem Pandan-Blatt servieren. Mit Blüten garnieren.

TIPP: Häufig wird grüne Lebensmittelfarbe zugesetzt, um die typische Farbe von Pandan zu intensivieren.

SEITE 195 | DESSERT

GEFÜLLTER KÜRBIS

Ergibt 4 Portionen
Zubereitungszeit: 60 Minuten
Im Dampfgarer: 50 Minuten bei 85 °C
Im Bambuskorb: 40 Minuten bei 100 °C

Für den gefüllten Kürbis
1 kleiner Hokkaido-Kürbis (ca. 600 g)
220 ml Kokosmilch
100 g Palmzucker
1 Prise Salz
1 EL Pandan-Extrakt (optional)
2 Eier (Größe M)

Zum Anrichten
1 Stück Pandan-Blatt
essbare Blüten

Den Kürbis gut waschen und oben einen quadratischen Deckel ausschneiden. Dann mit einem Löffel das Kerngehäuse und alle Fäden sauber herauskratzen.

Den vorbereiteten Kürbis mit der aufgeschnittenen Seite nach oben in eine passende kleine Schüssel stellen, um zu vermeiden, dass der Kürbis beim Dämpfen aufplatzt.

Die Kokosmilch mit dem Palmzucker, dem Salz und dem Pandan-Extrakt, falls verwendet, in einem Topf leicht erwärmen und verrühren, bis sich der Zucker auflöst.

Die Eier in eine Schüssel aufschlagen und mit einem Schneebesen verquirlen. Anschließend mit der Kokosmilchmischung gut verrühren. Das Ganze durch ein Haarsieb streichen, um eine glatte Füllung zu erhalten.

Die Eier-Kokos-Mischung in den ausgehöhlten Kürbis füllen und dabei Schaum, der sich an der Oberfläche bildet, abschöpfen.

Den Kürbis zusammen mit dem Deckel im Dampfgarer bei 85 °C 50 Minuten dämpfen (40 Minuten im Bambuskorb bei 100 °C). Alle 15 Minuten den Deckel kurz anheben, um überschüssigen Dampf entweichen zu lassen. Den gefüllten Kürbis auskühlen lassen und vor dem Servieren vierteln.

Die Kürbisviertel auf einem Stück Pandan-Blatt servieren und mit einer Blüte garnieren.

KARAMELLISIERTER KÜRBIS

Zubereitungszeit: 75 Minuten plus einige Stunden Ruhezeit
Im Dampfgarer/Bambuskorb: 90 Minuten bei 85 °C
Im Bambuskorb: 60 Minuten bei 100 °C

Für den karamellisierten Kürbis

- 600 geputzter Kürbis (z. B. Crown Prince)
- 300 g Zucker
- 5 dünne Scheiben Ingwer
- ½ TL Salz
- 6–8 Gewürznelken
- 10 Pimentkörner
- 1 Msp. frisch geriebene Muskatnuss
- ¼ TL Fenchelsamen
- 1 Zimtrinde

Zum Anrichten

- 4 Kugeln Kokos-Eiscreme
- 2 EL grob gehackte Cashewkerne
- 2 EL geröstete Kokosraspel
- essbare Blüten

Den Kürbis waschen und in größere Stücke schneiden.

Den Zucker als dünne Schicht gleichmäßig in der großen Pfanne verteilen und bei mittlerer Temperatur schmelzen lassen, bis ein goldbrauner Karamell entsteht. 150 ml heißes Wasser vorsichtig in die Pfanne gießen und diese dann vom Herd nehmen. Das Karamell auflösen lassen und dann den Ingwer, das Salz und die Gewürze unterrühren.

Das gewürzte Karamell in einen verschließbaren Vakuumbeutel füllen. Die Kürbisstücke zugeben und den Beutel verschließen bzw. besser vakuumieren.

Den Kürbis im Dampfgarer bei 85 °C 90 Minuten dämpfen (im Bambuskorb bei 100 °C reduziert sich die Garzeit auf 60 Minuten), dabei den Beutel ab und zu wenden, damit das Karamell alle Seiten der Kürbisstücke gleichmäßig erreicht.

Den Kürbis im Karamell abkühlen lassen und idealerweise für einen Tag in den Kühlschrank stellen, um die Aromen zu intensivieren.

Die karamellisierten Kürbisstücke nach Wunsch erwärmen und mit je 2 EL Sirup auf Tellern anrichten. Je 1 Kugel Kokos-Eiscreme dazugeben und mit den Cashewkernen und Kokosraspeln bestreuen. Zum Abschluss mit essbaren Blüten garnieren.

TIPP: Die Schale von Kürbissen der Sorte »Crown Prince«, die aufgrund ihres nussigen Geschmacks beliebt sind, kann wie beim Hokkaido-Kürbis mitgegessen werden, da sie beim Garen weich und zart wird. Je nach verwendeter Kürbissorte können die Garzeiten variieren. Butternut eignet sich ebenfalls sehr gut für dieses Rezept.

MALAYSISCHE PULUT INTI

Für 12 Stück
Zubereitungszeit: 50 Minuten plus 3 Stunden Ruhezeit
Im Dampfgarer/Bambuskorb: 30 Minuten bei 100 °C

Für Pulut Inti

- 200 g weißer Klebreis
- 20 cm Pandan-Blatt
- 100 ml Kokosmilch
- 1 TL Zucker
- 1 Prise Salz
- 30 g Rohrohrzucker
- 30 g Palmzucker
- 100 g geraspelte Kokosnuss (frisch oder TK)
- Bananenblätter

Den Klebreis waschen und für mindestens 3 Stunden in kaltem Wasser quellen lassen. Anschließend durch ein Sieb gießen.

Den Reis zusammen mit 10 cm Pandan-Blatt im Dampfgarer bei 100 °C 10 Minuten dämpfen. Dann die Kokosmilch mit dem Zucker und 1 Prise Salz verrühren, unter den Reis mischen und weitere 15–20 Minuten dämpfen. Den Reis mit einer Küchenspachtel lockern und etwas abkühlen lassen.

Für das Kokostopping 125 ml Wasser mit dem Rohr- und Palmzucker sowie dem restlichen Stück Pandan-Blatt (10 cm) in einem Kochtopf erhitzen. Sobald sich der Zucker aufgelöst hat, die Kokosraspel und 1 Prise Salz unterrühren. Unter stetigem Rühren einkochen lassen, bis das Wasser verdampft ist und die Mischung leicht zu karamellisieren beginnt. Dann zur Seite stellen und abkühlen lassen.

Bananenblätter in 12 Stücke von jeweils 15 x 8 cm schneiden, waschen und auf einer Herdplatte erhitzen, bis sie zu glänzen beginnen. Wenden und mit der anderen Seite ebenso verfahren.

Jeweils 1 EL Reis in die Mitte eines Stück Bananenblattes geben, 1 TL Kokostopping darauf setzen und das Bananenblatt zu einem Päckchen falten, dabei gegebenenfalls die Enden mit Zahnstochern feststecken.

Die gefüllten Bananenblätter auf einem Teller anrichten oder als Snack servieren.

MANGO-CUSTARD AUF KOKOS-KLEBREIS

Für 4 Portionen
Zubereitungszeit: 45 Minuten plus mindestens 3 Stunden Ruhezeit
Im Dampfgarer/Bambuskorb: 20 Minuten bei 100 °C plus 15–20 Minuten bei 85 °C
Im Bambuskorb: 20 Minuten bei 100 °C & 10–12 Minuten bei 100 °C

Für den Mango-Custard auf Kokos-Klebreis
150 g weißer Klebreis
75 ml Kokosmilch
2–3 EL Zucker
Salz
200 ml Mango-Püree
50 ml Kokoscreme
2 Eier
1 EL Vanillepuddingpulver

Zum Anrichten
frische Mango
kleine Pandan-Blattstreifen

Den Klebreis drei- bis viermal gründlich waschen und mindestens 3 Stunden in Wasser quellen lassen. Anschließend durch ein Sieb gießen.

Den Reis in einem Behälter 10 Minuten bei 100 °C dämpfen. Dann die Kokosmilch mit 1 EL Zucker und ½ TL Salz verrühren, unter den Reis mischen und weitere 10 Minuten dämpfen. Den gedämpften Reis 3–4 cm hoch in kleine Förmchen füllen, dabei oben leicht andrücken.

Für den Mango-Custard das Mango-Püree, die Kokoscreme, die Eier, das Puddingpulver, den restlichen Zucker (1–2 EL) und 1 Prise Salz in einer Schüssel gut verquirlen. Die Custard-Masse 2–3 cm hoch über den vorbereiteten Reis gießen.

Die Förmchen je nach Durchmesser und Dicke des Mango-Custards 15–20 Minuten bei 85 °C dämpfen (im Bambuskorb bei 100 °C 10–12 Minuten). Nach dem Dämpfen die Küchlein auskühlen lassen.

Die Küchlein aus den Formen lösen und aufrecht auf Teller stellen. Mit einem Stück frischer Mango, einem Pandan-Blattstreifen und einer Blüte garnieren.

TIPP: Statt in einzelnen Förmchen kann der Klebreis-Custard auch in einer größeren Form zubereitet und nach dem Erkalten in Portionen geschnitten werden. Beachten Sie, dass die Garzeit für den Custard in diesem Fall angepasst werden muss.

SESAMKNÖDEL IN WARMER KOKOSMILCH

Für 4 Portionen
Zubereitungszeit: 30 Minuten
Im Dampfgarer/Bambuskorb: 5 Minuten bei 100 °C

Für die Sesamknödel in warmer Kokosmilch
5 EL schwarze Sesamsaat
3 EL Palmzucker
Salz
120 g weißes Klebreismehl
500 ml Kokosmilch
3–4 EL Zucker
½ TL Maisstärkemehl

Zum Anrichten
einige kleine Kugeln Honigmelone
einige kleine Kugeln Zuckermelone
1 TL geröstete weiße Sesamsaat

Für die Füllung die Sesamsaat in einer beschichteten Pfanne ohne Fettzugabe anrösten. Den Palmzucker reiben bzw. fein hacken und zusammen mit 1 Prise Salz zum Sesam geben. 4 EL Wasser zufügen und durchrühren, bis der Zucker aufgelöst ist und die Füllung eine zähe Konsistenz hat. Beiseitestellen und abkühlen lassen.

Für die Teighülle das Klebreismehl mit 120 ml Wasser gut verkneten. Den Teig in 12 gleich große Stücke (à 20 g) teilen. Die Teiglinge erst zwischen den Handballen rund rollen und dann vorsichtig flach drücken. Etwas von der abgekühlten Sesamfüllung in die Mitte geben, den Teig darum verschließen und erneut vorsichtig zu kleinen Knödeln rollen. Die Knödel im Dampfgarer bei 100 °C 5 Minuten dämpfen.

Die Kokosmilch zusammen mit dem Zucker und ½ TL Salz aufkochen. Das Maisstärkemehl mit etwas kaltem Wasser anrühren und unter die Kokosmilch mischen. Unter stetigem Rühren eindicken lassen und dann vom Herd nehmen.

Die gefüllten noch warmen Sesamknödel in Schalen geben und mit der warmen Kokosmilch übergießen. Einige Melonenstücke dazwischen platzieren und die Sesamsaat darüberstreuen.

TIPP: Zum Blaufärben des Teigs werden Schmetterlingserbsenblüten verwendet.

BAS

ICS

HÜHNERBRÜHE

Für 1 l
Zubereitungszeit: ca. 1 Stunde
Im Dampfgarer/Bambuskorb: 50 Minuten bei 100 °C

Für die Hühnerbrühe
- 1 Hühnerkarkasse, in Stücke gehackt
- 1 Stängel Zitronengras, obere Hälfte
- 1 mittlere Zwiebel
- 2 Knoblauchzehen
- 100 g weißer Rettich
- einige weiße Pfefferkörner
- 2 Korianderwurzeln (alternativ Korianderstängel)

Die Hühnerkarkasse mit Wasser bedeckt in einem passenden Garbehälter bei 100 °C 50 Minuten dämpfen, dabei gelegentlich den an der Oberfläche gebildeten Schaum abschöpfen.

Inzwischen das Zitronengras flach klopfen und in Stücke schneiden. Die Zwiebel und den Knoblauch abziehen und in Stücke schneiden. Den Rettich schälen und klein schneiden. Die Pfefferkörner grob zerstoßen. Die Korianderwurzeln waschen und ebenfalls grob hacken.

Nach der Hälfte der Kochzeit das Zitronengras, die Zwiebel, den Rettich, die Pfefferkörner, den Knoblauch und die Korianderwurzeln zur Brühe hinzufügen.

Nach dem Ende der Kochzeit die Brühe durch ein Sieb gießen und in geeignete Behälter abfüllen.

SELBST GEMACHTE DASHI-BRÜHE

Für ca. 1 l
Zubereitungszeit: ca. 45 Minuten

Für die Dashi-Brühe
1 Stück Kombu-Alge (ca. 5 x 10 cm)
20 g Bonito-Flocken

Die Kombu-Alge ohne vorheriges Waschen 30 Minuten in einem Topf in 1 l kaltem Wasser einlegen. Dann das Wasser bis knapp unter den Siedepunkt erhitzen.

Den Topf vom Herd nehmen und die Kombu-Alge aus dem Wasser nehmen. Anschließend die Bonito-Flocken zugeben. Die Mischung stehen lassen, bis die Bonito-Flocken zu Boden sinken.

Zuletzt die Brühe durch ein mit einem Tuch ausgekleidetes Haarsieb gießen.

TERIYAKI-SAUCE

Für ca. 150 ml
Zubereitungszeit: ca. 15 Minuten

Für die Teriyaki-Sauce
- 2 Knoblauchzehen
- 1 EL neutrales Pflanzenöl
- 5 Scheiben Ingwer
- 100 g Zucker
- 300 ml Sojasauce
- 300 ml Mirin
- 100 ml Sake (japanischer Reiswein)
- 2 EL Sesamöl (aus geröstetem Sesam, erhältlich im Asia-Laden)

Den Knoblauch abziehen und in Scheiben schneiden.

Das Öl in einer Pfanne erhitzen. Den Knoblauch darin zusammen mit dem Ingwer anrösten. Den Zucker zugeben und karamellisieren. Die Sojasauce, den Mirin und den Sake zufügen und dickflüssig (auf ca. 150 ml) einkochen.

Zuletzt das Sesamöl unterrühren und die Sauce abkühlen lassen.

TOMATEN-CHUTNEY

Für 4 Portionen
Zubereitungszeit: 10 Minuten
Im Dampfgarer/Bambuskorb: 5 Minuten bei 100 °C

Für das Tomaten-Chutney
- 4–5 getrocknete große rote Chilischoten
- 2 TL Kreuzkümmelsamen
- 5–6 schwarze Pfefferkörner
- 3 Knoblauchzehen
- 1 TL fein geriebener Ingwer
- 200 g gewürfelte geschälte Tomaten (Konserve)
- ½ TL Zucker
- 1 EL Zitronensaft
- Salz

Die Chilischoten entkernen und im Dampfgarer 5 Minuten bei 100 °C dämpfen. Anschließend klein schneiden.

Den Kreuzkümmel und die Pfefferkörner in einer Pfanne ohne Fettzugabe anrösten, bis sich die Aromen entfalten. Anschließend im Mörser zerstoßen oder in einer Gewürzmühle fein mahlen.

Die Knoblauchzehen abziehen und fein schneiden.

Alle Zutaten zusammen in einen hohen Mixbecher geben und mit dem Stabmixer pürieren. Mit Salz abschmecken.

Das Chutney in Schalen abfüllen und als Dip servieren.

KORIANDER-MINZE-RAITA

Für 4 Portionen
Zubereitungszeit: 5 Minuten

Für das Koriander-Minze-Raita
- 1 TL Senfsaat
- 1 TL Kreuzkümmelsamen
- 1 Handvoll frische Korianderblätter
- 1 Handvoll frische Minzblätter
- 1 kleine grüne Chilischote
- 200 ml griechischer Joghurt (10 % Fettgehalt)
- Saft von ½ Zitrone
- Salz

Die Senfsaat und den Kreuzkümmel in einer Pfanne ohne Zugabe von Fett bei mittlerer Temperatur rösten, bis sich die Aromen entfalten. Anschließend die gerösteten Gewürze im Mörser zerstoßen oder in einer Gewürzmühle mahlen.

Die Korianderblätter, die Minzblätter, die nach Wunsch entkernte Chilischote, den Joghurt und den Zitronensaft in einen hohen Mixbecher geben und zusammen mit den gemahlenen Gewürzen mit einem Stabmixer pürieren. Das Raita mit Salz abschmecken.

Das fertige Raita in Schalen füllen und servieren.

KORIANDER-CHUTNEY

Für 4 Portionen
Zubereitungszeit: 5 Minuten

Für das Koriander-Chutney

2 TL Kreuzkümmelsamen
¼ TL Fenchelsamen
½ TL Koriandersamen
1–2 Knoblauchzehen
1 kleine grüne Chilischote
2 Handvoll die frischen Korianderblätter
2 TL fein geschnittener Ingwer
2 EL geröstete Erdnusskerne
1 TL Zucker
½ TL Garam Masala
½ TL Salz

Die Kreuzkümmelsamen, die Fenchelsamen und die Koriandersamen in einer Pfanne ohne Zugabe von Öl anrösten, bis sie duften und sich ihre Aromen voll entfalten. Danach die gerösteten Samen in einen Mörser geben und fein zerstoßen. Alternativ können sie auch in einer Gewürzmühle fein gemahlen werden.

Die Knoblauchzehen abziehen und zusammen mit der nach Wunsch entkernten Chilischote in dünne Scheiben schneiden.

Alle Zutaten, einschließlich der geschnittenen Knoblauchzehen und Chili, in einen hohen Mixbecher geben. 60 ml Wasser zugießen und das Ganze mit einem Stabmixer zu einem feinen Chutney pürieren. Abschließend das Chutney mit Salz abschmecken.

Das fertige Chutney in kleine Schalen abfüllen und bereitstellen.

WEISSER KLEBREIS

Für 4 Portionen
Zubereitungszeit: 35 Minuten
plus mindestens 3 Stunden Ruhezeit
Im Dampfgarer/Bambuskorb: 30 Minuten bei 100 °C

Für gedämpften weißen Klebreis
150 g weißer Klebreis

Den weißen Klebreis drei- bis viermal gründlich waschen. Anschließend mindestens 3 Stunden in Wasser einweichen.

Danach den Reis durch ein Sieb gießen und auf einem gut durchlässigen Tuch in einem gelochten Garbehälter mit dem Tuch abgedeckt 30 Minuten garen. Nach 15 Minuten den Reis wenden.

Den fertigen Reis auf ein großflächiges Geschirr geben und mit einem Küchenspachtel gut auflockern.

Den Klebreis zu den passenden Speisen warm servieren.

SCHWARZER KLEBREIS

Für 4 Portionen
Zubereitungszeit: 35 Minuten
plus 12 Stunden Ruhezeit
Im Dampfgarer/Bambuskorb: 30 Minuten bei 100 °C

Für gedämpften schwarzen Klebreis
50 g weißer Klebreis
150 g schwarzer Klebreis

Den Klebreis drei- bis viermal gründlich waschen. Anschließend den schwarzen Reis über Nacht in Wasser einweichen. Den weißen Klebreis mindestens 3 Stunden in Wasser einweichen.

Danach beide Reissorten durch ein Sieb gießen und vermischen.

Den Reis auf einem gut durchlässigen Tuch in einem gelochten Garbehälter mit dem Tuch abgedeckt 30 Minuten garen. Nach 15 Minuten den Reis wenden.

Den Reis auf ein großflächiges Geschirr geben und mit einem Küchenspachtel gut auflockern.

Den Klebreis zu den passenden Speisen warm servieren.

GELBER BASMATIREIS MIT KOKOS

Für 4 Portionen
Zubereitungszeit: 50 Minuten
Im Dampfgarer/Bambuskorb: 25 Minuten bei 100 °C

Für den gelben Basmatireis mit Kokos
- 200 g Basmatireis
- ½ Zwiebel
- 2 EL neutrales Pflanzenöl
- 1 Lorbeerblatt
- 1 kleine Zimtrinde
- 5 grüne Kardamomkapseln
- 5 Gewürznelken
- 1 TL gemahlene Kurkuma
- Chilipulver oder -flocken (optional)
- 300 ml Gemüsebrühe oder Wasser
- 1 TL weißer Essig
- 1 TL Salz
- 4 EL geröstete Kokosflocken

Den Reis waschen und 20 Minuten im kalten Wasser quellen lassen. Das verkürzt die Kochzeit und erhält das Aroma.

Die Zwiebel abziehen und fein würfeln. Das Öl in einem Kochtopf erhitzen. Die Zwiebel, das Lorbeerblatt, die Zimtrinde, die Kardamomkapseln und die Gewürznelken darin bei mittlerer Temperatur 2 Minuten rösten. Die gemahlene Kurkuma und gegebenenfalls das Chilipulver zugeben und unter Rühren 3–4 Minuten weiterrösten.

Den Reis hinzufügen, mit Brühe oder Wasser auffüllen und den Essig sowie das Salz zugeben. Anschließend in einen Garbehälter geben. Im Dampfgarer 25 Minuten bei 100 °C dämpfen.

Anschließend den Reis mit einem Küchenspachtel auflockern und abgedeckt noch 5–10 Minuten ziehen lassen. Die Hälfte der Kokosflocken untermischen.

Mit den restlichen gerösteten Kokosflocken bestreut servieren.

TIPP: Kaufen Sie tiefgekühlte geraspelte frische Kokosnuss im Asia-Laden. Diese auftauen und in einer Pfanne oder im Backofen trocken goldbraun rösten.

VIETNAMESISCHE WURST

Zubereitungszeit: 2 Stunden plus 1 Stunde Ruhezeit plus Abkühlzeit
Im Dampfgarer/Bambuskorb: 40 Minuten bei 90 °C

Für die vietnamesische Wurst

- 2 Knoblauchzehen
- 500 g Hackfleisch vom Schwein
- 100 g Schweinefett (grüner Speck), fein gewolft
- 20 g Zucker
- 3 EL Fischsauce
- frisch gemahlener weißer Pfeffer
- 6 g Salz
- 10 g Maisstärke
- 3 g Backpulver
- 150 ml Eiswasser
- Bananenblatt (20 x 20 cm)

Die Knoblauchzehen abziehen und fein schneiden. Das Hackfleisch, das Schweinefett, den Knoblauch, die Gewürze, die Maisstärke und das Backpulver in einer Schüssel gut vermengen und 1 Stunde kühl stellen.

Anschließend die Masse in einem Standmixer fein pürieren und dabei nach und nach das Eiswasser zugeben, um die Temperatur niedrig zu halten. Das Wurstbrät 1 Stunde kühlen, um die Bindung zu verbessern.

Ein Bananenblatt auf einer Herdplatte erwärmen, bis es geschmeidig wird. Die gekühlte Wurstmasse in der Mitte des Bananenblatts als Strang auftragen, eng einrollen, die Enden einschlagen und mit einem Zahnstocher fixieren. Die Rolle zusätzlich in Alufolie einwickeln, um die Form zu stabilisieren.

Bei 90 °C für 40 Minuten im Dampfgarer dämpfen. Nach dem Dämpfen die Wurst abkühlen lassen.

REGISTER

ZU DER SAUREN SUPPE MIT GEFÜLLTEN CALAMARIS UND PILZEN!

Scannen Sie den QR-Code für das online-exklusive Rezept!

ZUM MALAYSISCHEN GEMÜSECURRY MIT TOFU!

Scannen Sie den QR-Code für das online-exklusive Rezept!

ÜBER DAS AUTORENTEAM

ÜBER DIE AUTORIN

Angkana Sirisaeng, geboren und aufgewachsen in Thailand, entdeckte früh ihre Liebe zum Kochen. Nach ihrem Bachelor-Abschluss erlernte sie die Kunst des Obst- und Gemüseschnitzens. Zudem bildete sie sich in den Bereichen thailändische und vietnamesische Küche sowie Sushi-Herstellung fort.

ÜBER DEN FOTOGRAFEN

Alex Neumayer aus dem Salzburger Gasteinertal war neun Jahre in Südostasien als Küchenchef in der Fünf-Sterne-Hotellerie tätig. Heute arbeitet er als Foodfotograf in seinem Studio »Kochen & Kunst« in Bad Hofgastein.

Siehe auch www.kochenundkunst.at

IMPRESSUM

Verantwortlich: Stefanie Gückstock, Raphaela Lechner
Texte und Rezepte: Angkana Sirisaeng
Reisefotografie, Foodstyling & Foodfotografie:
Alex Neumayer
Redaktion der Texte: Dr. Regina Roßkopf
Korrektur: Dr. Margit Brand
Layout: Marcus Taeschner
Umschlaggestaltung: Dominik Günzinger
Repro: LUDWIG:media
Herstellung: Bettina Schippel

Printed in Türkiye by Elma Basim.

Bildnachweis: Alle Fotografien des Innenteils stammen von Alex Neumayer.
Illustration und Kapitelaufmacher: AdobeStock/Tetiana

Alle Angaben dieses Werkes wurden von den Autoren sorgfältig recherchiert und auf den neuesten Stand gebracht sowie vom Verlag geprüft. Für die Richtigkeit der Angaben kann jedoch keine Haftung übernommen werden, weshalb die Nutzung auf eigene Gefahr erfolgt. Sollte diese Werk Links auf Webseiten Dritter enthalten, so machen wir uns die Inhalte nicht zu eigen und übernehmen für die Inhalte keine Haftung.

In diesem Buch wird aus Gründen der besseren Lesbarkeit das generische Maskulinum verwendet. Weibliche und anderweitige Geschlechteridentitäten werden dabei ausdrücklich mitgemeint, soweit es für die Aussage erforderlich ist.

Die Deutsche Nationalbibliothek verzeichnet diese Publikation in der Deutschen Nationalbibliografie; detaillierte bibliografische Daten sind im Internet über http://dnb.d-nb.de abrufbar.

Infanteriestraße 11a
80797 München

ISBN: 978-3-95961-913-4

Ebenfalls erhältlich ...

ISBN 978-3-95961-754-3

ISBN 978-3-95961-538-9

ISBN 978-3-95961-804-5

ISBN 978-3-95961-638-6